AF250444

ANNALES

HISTORIQUES, GÉNÉALOGIQUES ET LITTÉRAIRES,

DE LA

NOBLESSE DE FRANCE.

IMPRIMERIE DE E. POCHARD,
RUE DU POT-DE-FER, N° 14, F. S.-G.

ANNALES

HISTORIQUES, GÉNÉALOGIQUES ET LITTÉRAIRES

DE LA

NOBLESSE DE FRANCE.

HISTOIRE

DE LA

MAISON DE CHASTILLON-CHASTILLON.

Par Simien Despréaux,

ANCIEN PROFESSEUR DE BELLES-LETTRES AU COLLÉGE ROYAL DE LOUIS-LE-GRAND, AUTEUR DU DISCOURS SUR LES AVANTAGES DU RETOUR DES BOURBONS, DES ANNALES HISTORIQUES DE LA MAISON DE FRANCE, DE LA PETITE ENCYCLOPÉDIE MILITAIRE, ET DE LOUIS XVII, etc.

A PARIS,

CHEZ GOUJON, LIBRAIRE

DE LL. AA. RR. Mme LA DUCHESSE DE BERRY ET DE Mme LA DUCHESSE D'ORLÉANS, RUE DU BAC, n° 30 ;

ET LARNAULT, LIBRAIRE, PLACE DE L'ODÉON, N° I.

1824.

A Madame
la Duchesse d'Uzès,
Née Chastillon = Chastillon.

Madame la Duchesse,

L'Histoire de l'ancienne & illustre Maison de Chastillon-Chastillon, dont vous êtes issue, ne peut paraître plus heureusement que sous vos auspices. Vous y verrez

le tableau fidèle des grandes actions & des vertus
qui ont distingué vos ancêtres.

J'ose donc vous en faire hommage, en
vous priant d'agréer les assurances du profond
respect avec lequel je suis,

Madame la Duchesse,

Votre très humble et très
obéissant Serviteur,

Simien Despréaux,

PRÉFACE.

L'époque où la noblesse va recouvrer son éclat primitif et sa splendeur première est enfin arrivée. C'est aujourd'hui qu'on voit reparaître les écussons qui constatent l'antiquité des familles, la grandeur des dignités et des alliances, les titres qui établissent une descendance illustre, des faits glorieux, des services signalés rendus à l'état. La noblesse s'élève majestueusement sur les débris du républicanisme, et le mot qui la désigne n'est plus regardé comme un blasphème politique.

C'est pour contribuer à cette heureuse restauration que j'ai entrepris de faire les *Annales historiques, généalogiques et littéraires de la Noblesse de France*. Avant la révolution, et du temps même de Bonaparte, je m'occupais sérieusement des recherches relatives à l'ancienne noblesse et de la découverte des faits qui pouvaient lui faire honneur. Je rendais aussi, comme on s'empresse de le faire aujourd'hui, la justice qu'on ne peut refuser à la noblesse militaire, qui, en attendant que quelques générations l'éloignent de son origine, est placée dans un état et une classe fort honorables, puisque de grands guerriers sortis de son sein se sont hâtés d'illustrer leurs familles. Cette noblesse doit donc occuper un rang distingué dans les *Annales*.

J'avouerai aussi que je mettais les anciennes maisons de France en parallèle avec quelques familles étrangères, telles que les Orsini, les Latéran, les Acquino, les Canova, les Cybo, les Torelli, seigneurs de Ferrare et de Guastalla, dont est issu Stanislas Poniatowski, dernier roi de Pologne; les Gonzagues, les marquis de Montferrat, les Palavicini, les La Mirandole, les Visconti, en Italie.

Les Brunswick, les d'Anhalt, les Hohenlohe, les d'Holstein, les Nassau, en Allemagne.

Les Lubomirski, les Radziwill, les Tarnowski, les Sapieha, les Potocki, les Czartoryski, descendants des Jagellons, en Pologne.

Je n'ai jamais pu me défendre d'une sorte de respect pour les anciennes familles; je les compare à ces arbres antiques que l'on conserve dans les campagnes, et qui les couvrent de leur ombre hospitalière.

Il est certain que les généalogies sont le moyen le plus sûr de prouver et la noblesse et son ancienneté. Mais les actions d'éclat doivent intéresser bien plus vivement les familles ; c'est donc aux faits que je m'attache particulièrement, et je ne néglige rien pour les puiser dans des sources pures. En les présentant sous le point de vue le plus avantageux, je les réduis en corps d'histoire. Mais une longue expérience m'a démontré que ces faits, pour plaire, doivent être embellis du coloris de l'élocution. Il vaudrait mieux même adopter une prose oratoire qu'un style historique trop simple et trop uniforme. C'est le sentiment de Cicéron, qui avoue que cette préférence annonce de la faiblesse, mais une faiblesse qui est l'apanage de l'humanité.

J'ai conçu dans mon entreprise un plan qui met d'accord toutes les opinions. Les ouvrages biographiques et généalogiques composent, dit-on, un grand nombre de volumes ; leur achat devient très-dispendieux. On s'intéresse bien à l'histoire de quelques familles, mais il en est aussi pour lesquelles on n'a que de l'indifférence. Afin de me mettre à l'abri de ces plaintes et de ces reproches, chaque édition de mes *Annales* contiendra une ou deux histoires complètes, sans désignation de premier ou de second volume, de première ou de seconde livraison.

Ainsi chaque publication de ces *Annales* formera un ouvrage complet, et la série généalogique se trouvera toujours à la fin de l'histoire des différentes maisons.

Je suivrai dans mes travaux l'ordre des inscriptions faites par les familles qui m'honoreront de leur confiance. Les frais des recherches et de l'impression ne seront point onéreux, parce que, d'une part, tout sera proportionné à la difficulté des recherches et à l'étendue de la matière qu'elles pourront fournir; d'un autre côté, on ne fera tirer que peu d'exemplaires de la première édition, et les éditions subséquentes ne seront point à la charge des familles; de plus, on leur procurera par la suite et gratuitement un certain nombre d'exemplaires, pour que chaque monument littéraire se conserve parmi les descendants qu'il intéresse.

Les prospectus qui seront imprimés offriront des développements que je ne puis pas donner dans une préface. Je la termine en priant ceux pour qui j'entreprends cet ouvrage de ne point s'envelopper dans une modestie qui s'opposerait à mes vues utiles. Je ferai de mes découvertes l'usage le plus conforme à leurs véritables intérêts.

P. S. Les personnes qui désireront s'inscrire, à dessein de faire classer l'histoire de leur maison dans les *Annales de la Noblesse,* sont priées de s'adresser à M. Goujon, libraire, rue du Bac, n° 33.

ANNALES

HISTORIQUES, GÉNÉALOGIQUES ET LITTÉRAIRES

DE LA

NOBLESSE DE FRANCE.

HISTOIRE

DE LA

MAISON DE CHASTILLON-CHASTILLON.

Dans tous les siècles de la monarchie, depuis son origine jusqu'à nos jours, on a reconnu que ce qu'on appelle l'*honneur français* a toujours été l'aiguillon de la noblesse, que cet honneur français est devenu la source des actions les plus magnanimes.

La noblesse est la famille chérie de l'état, parce qu'il doit à ses services sa gloire et sa prospérité. La religion de nos pères, cette religion sainte dont je ne cesserai jamais de publier les bienfaits, doit à la noblesse son maintien, sa défense et sa conservation dans toute sa pureté; aussi

nos souverains ont toujours récompensé son zèle
et son dévouement. Mais beaucoup de preuves
et de témoignages de leur reconnaissance sont
ensevelis dans la poussière des chroniques anciennes, dont je me propose de les tirer. Ce sera
seconder les intentions du gouvernement ; ses
vues sont non-seulement d'honorer le mérite,
mais encore d'exciter l'émulation et de diriger les
efforts de la génération présente, pour qu'elle se
rende digne de pareilles récompenses. Un jeune
gentilhomme, en jetant les yeux sur les portraits
de ses ancêtres, ne doit-il pas être pénétré d'une
émotion douce et vive qui est la source des grandes actions ?

Parmi les familles nobles de la France qui peu-
vent citer honorablement leurs aïeux et les proposer pour modèles, il en est une illustre que l'on
croit éteinte, mais qui respire encore, puisqu'elle
a mêlé son sang à celui d'une autre famille ancienne
dont il y a des rejetons : c'est la maison de Chastillon-Chastillon, qui sous ce nom révéré ne sub-
siste plus que dans la personne de madame la
duchesse d'Uzès. Elle rappelle de grands, de
profonds et d'honorables souvenirs, et mérite
sous tous les rapports le respect et la vénération
de la postérité. En effet, une maison recomman-
dable et distinguée par l'antiquité de son origine ;
une maison qui sans interruption remonte à plus
de neuf siècles ; qui a produit des grands maîtres
de France, des connétables, des amiraux, des

ducs et pairs ; qui a contracté treize alliances directes avec la maison royale de France, plusieurs autres avec les maisons d'Espagne, d'Autriche, de Lorraine, de Brabant, de Hainaut ; qui a possédé les principautés d'Antioche et de Tabarié dans le Levant, les duchés de Bretagne et de Gueldres ; qui a donné un pape dans Eudes de Chastillon, un saint à l'église dans la personne de Charles de Chastillon, comte de Blois et duc de Bretagne ; une maison dont les membres, au nombre de douze, ont prodigué leur sang dans les guerres de la Terre-Sainte, contre les Turcs et les Sarrasins, et en France contre les Albigeois, ennemis irréconciliables de la religion ; cette maison, dis-je, commande le respect et l'admiration de la postérité la plus reculée.

J'ose entreprendre son histoire, moins sous le rapport généalogique que pour signaler des actions de valeur et des succès ennoblis par la religion, et qui ne donnèrent jamais entrée à la vanité. La famille de Chastillon fut une race de héros, mais de héros vraiment chrétiens. Faut-il rappeler à la mémoire que le pape Urbain II, nommé Eudes de Chastillon, que Charles de Blois, duc de Bretagne, que le cardinal Pierre de Luxembourg, dont la mère était Mahaud de Chastillon, comtesse de Saint-Paul, que ces trois personnages enfin, par leur éminente piété, leur zèle à défendre la véritable religion, leur noble désintéressement et leur munificence, ont mérité après leur mort les honneurs de la canonisation ? D'autres rejetons de cette famille, qui remonte presque au berceau de la monarchie et sans interruption jusqu'à nos jours, se sont généralement dévoués pour le soutien de la foi, ambitionnant le bonheur de recueillir les palmes du martyre.

De la tige de cette famille sont sorties plus de vingt-cinq branches qui ont ombragé non-seulement la France, mais encore toutes les provinces; honneur d'autant plus précieux qu'il a été confirmé publiquement dans le lit de justice d'un de nos anciens rois, par une comparaison qui a tous les caractères de la vérité. Il y est dit en style gaulois: *que comme outre la mer le lignage des Lusignan était le plus grand, le plus noble et le plus peuplé, aussi était en ce royaume celui de Chastillon.*

Mais je me hâte de donner des preuves de ce que j'avance, et, sans autres préliminaires, je commence l'histoire de la maison de Chastillon. Les généalogistes modernes, marchant sur les traces d'André Duchêne, ne font remonter l'origine des Chastillon que jusqu'à Ursus, comte de Champagne. Quant à moi, d'après les anciens chroniqueurs, que je regarde comme très sincères, je crois pouvoir assurer que Eudes, comte de Troyes, et qui vivait en 847, était père d'Ursus, qui épousa Berthe, sœur du comte Huébaud. Comme les injures du temps et la barbarie des premiers siècles ont anéanti beaucoup de monuments historiques, et jusqu'aux monuments renfermés dans les anciennes églises, on n'a point de renseignements sur la vie d'Ursus, comte de Champagne; on sait seulement que le comte Huébaud, père de Berthe, était beau-frère de Bérenger-le-Vieux, roi d'Italie, et gendre de la princesse Gisèle, petite-fille de l'empereur Charlemagne.

Ursus eut pour fils Eudes second, seigneur de Chastillon et de Bazoche, qui devint une des premières victimes de son attachement et même de son dévouement au roi Charles-le-Simple. Il n'abandonna jamais la cause de ce prince. On dépouilla ce seigneur de ses biens et de sa liberté, qu'il ne recouvra qu'après la mort de Robert, évènement qui arriva le 14 de juin 923. Ce fut le comte Herbert, chargé du soin de le garder, qui le délivra et lui rendit sa liberté.

Hérivée, son fils, était un jeune seigneur naturellement impatient du repos et ennemi des injustices. Il s'empressa de témoigner sa reconnaissance au comte Herbert, bienfaiteur de son père, et dont le fils, Hugues, fut élu archevêque de Reims. Mais comme ce prélat était fort jeune, on le crut incapable de gouverner cette église. On le destitua, et Artaud fut bientôt après pourvu à sa place de la dignité d'archevêque de Reims. Ce coup d'autorité alluma le feu de la discorde dans la province de Champagne. Hérivée se déclara hautement pour le fils du comte Herbert. On arme en toute hâte, la guerre devient inévitable, et chaque seigneur prend les mesures les plus promptes pour se garantir des irruptions de ses voisins.

Hérivée, pour se mettre à couvert de leurs insultes, fit bâtir la forteresse de Chastillon et se crut en sûreté. Mais avant d'aller plus loin, il n'est pas inutile de présenter le tableau de Chastillon-sur-Marne, ville d'où sont sortis tant de braves et d'illustres seigneurs. Chastillon est situé sur le sommet d'une haute montagne entre les cités de Dormans et d'Épernay. Au bas de la ville la rivière de Marne roule paisiblement ses eaux, et de l'autre côté on domine sur une vaste et magnifique forêt. Ce fut donc Hérivée, petit-fils du comte Ursus, qui fit bâtir le château. Par l'épaisseur et la solidité de ses murs flanqués de tourelles et de bastions, il eut la réputation d'une forteresse redoutable. Mais les Anglais, ensuite Charles V, et enfin nos guerres civiles l'ont entièrement détruit. La pieuse munificence des seigneurs de Chastillon y avait même fondé un collège de chanoines dont on ne voit plus que les ruines.

Cependant Hérivée soutenait toujours la cause du jeune Hugues, fils du bienfaiteur de son père ; et quoique en 940 Louis-d'Outremer eût comprimé son ardeur belliqueuse, toutefois, irrité de la conduite d'Artaud, il recommença bientôt ses courses, et les continua sans interruption jusqu'en l'année 947. Hérivée avait pour rival, ou plutôt pour ennemi, Renaud, comte de Rouci, qui, secondé par Dudon, frère de l'archevêque de Reims, se précipita dans la campagne. Ces deux seigneurs étaient accompagnés de leurs vassaux, qui se jetèrent sans aucune déclaration de guerre sur ceux d'Hérivée, en tuèrent quelques-uns, et forcèrent les autres à prendre la fuite.

Hérivée, du haut de sa forteresse, témoin de cette déroute imprévue, et indigné de la conduite du comte de Rouci, se décida sur-le-champ à faire une sortie, et descendit dans la plaine pour combattre en personne. Rien n'égale son intrépidité, à laquelle la colère donne un nouvel aliment. Les deux troupes s'attaquent, se mesurent. La victoire est quelque temps incertaine. Mais, hélas ! Hérivée, emporté par l'ardeur de son courage, s'éloigne des siens, s'engage trop avant, est entouré, fait des efforts presque incroyables pour se frayer un passage ; enfin, accablé par le nombre, ses forces s'épuisent, il succombe et meurt victime de son imprudente audace. Les vainqueurs, pleins d'admiration pour son courage héroïque, déplorent sa fin tragique, transportent avec respect son corps dans la métropole de Reims, et le font inhumer avec la pompe et les honneurs dus à son rang et à ses qualités éminentes.

Les historiens de ces siècles reculés ne font aucune mention de ses enfants. Tous gardent le plus profond silence ; et Flodoard, dans sa chronique, se contente de dire que sans doute ses enfants lui succédèrent dans ses dignités. Plus heureux que les historiens gaulois, j'ai découvert l'anneau qui

manquait dans la personne de Raynier de Chastillon, dont il est fait mention honorable dans les
actes du concile de Bâle, tenu en 951. Il y est dé-
signé avec la qualité de vidame de Reims, et je
pense qu'il n'est pas inutile de dire en quoi con-
sistaient les fonctions et les prérogatives de la
dignité des vidames, qui toujours étaient choisis
dans la classe des seigneurs puissants. Ils devenaient
les protecteurs des grandes églises, les défenseurs
de leurs biens, de leurs droits, et, par leur ascen-
dant, leur crédit, leur autorité, ils les garantis-
saient de toute atteinte et de toute invasion.

Raynier eut trois fils, et le second, Miles de
Chastillon, garantit la série la plus incontestable
et non interrompue des seigneurs de Chastillon.

Comme, d'après mon plan, je ne dois m'occuper
que de ce qui est du ressort de l'histoire, et réser-
ver pour la fin de l'ouvrage ce qui concerne uniquement la partie généalogique, je me transporte
à l'époque du douzième siècle, où je trouve que Gaucher second de Chastillon fut un des seigneurs qui se
distinguèrent le plus par leurs actions belliqueuses
et leur zèle pour la défense de la religion. Ce seigneur, après avoir suivi les impulsions de sa piété
par différents legs destinés particulièrement à l'abbé
ainsi qu'aux moines de Saint-Faron, tourna son
génie du côté de la guerre. Le dessein qu'il forma
de faire valoir ses droits, qu'un seigneur nommé
Payen lui avait disputés, le détermina d'abord à
fortifier son château de Monjay. Il y mit ensuite une

garnison qui ne tarda pas à faire des excursions sur les terres voisines. Louis-le-Jeune, qui régnait alors, et que Gaucher n'avait pas consulté, auquel il avait caché ses intentions, Louis-le-Jeune, se persuada que ce seigneur voulait braver et mépriser même son autorité. Le roi, se croyant outragé, prend sur-le-champ la résolution d'arrêter le cours de ces entreprises, qu'il traitait de révolte. Il lève donc une grande armée en l'année 1142, et va en diligence mettre le siège devant Monjay. Gaucher de Chastillon fait une vigoureuse résistance ; mais enfin, après quelques violents assauts, la place est forcée de se rendre. Louis y entre en vainqueur généreux. Cependant, pour ôter aux habitants les moyens de former une seconde tentative, ce prince fit abattre les portes, raser les murailles et toutes les fortifications, excepté la grande tour dont on voit encore aujourd'hui les ruines. Comme les erreurs sont l'apanage de l'humanité, Gaucher de Chastillon fit des fautes, mais il ne tarda pas à se repentir de sa résistance téméraire. Il vint donc solliciter de son souverain le pardon d'une erreur passagère, et lui dit : *Sire, j'ai eu le malheur de me laisser entraîner par les mauvais exemples que m'ont donnés plusieurs grands de votre royaume ; mais veuillez agréer mon repentir sincère et permettre que je répare mes torts en m'associant à votre expédition de la Terre-Sainte, et en prenant la résolution de me dévouer pour la vie au service de mon prince.*

Peu de temps après avoir obtenu un pardon généreux, Gaucher prit la croix à l'imitation de son prince, se disposa sans délai à partir pour la Terre-Sainte et à porter ses armes contre les infidèles. Mais avant de partir il fit de grandes largesses à différentes églises, et particulièrement à celle de son château de Chastillon, nommée Notre-Dame-du-Mont-Saint-Martin. Toutes les dispositions étant achevées, et l'armée du roi prête à se mettre en campagne, ce seigneur partit avec le roi. Il eut pour compagnons d'armes Miles de Verneuil, Baudouin d'Aci, et plusieurs autres seigneurs qui tous étaient ses vassaux. Pendant la route, Gaucher ne s'entretenait que du désir ardent dont il brûlait pour le service de son Dieu et de son prince dans cette expédition hasardeuse.

L'occasion de donner des preuves de son dévouement ne tarda pas à se présenter. Comme ce brave chevalier passait avec sa troupe les défilés de la montagne de Laodicée, il fut attaqué brusquement et à l'improviste par une multitude de Sarrasins qui s'élancèrent en jetant de grands cris. Ces barbares avaient un avantage inappréciable sur les chrétiens; ils connaissaient parfaitement tous les détours de cette montagne escarpée, et les Français étaient toujours exposés au danger imminent de donner dans quelque piège. Si quelquefois les Sarrasins étaient battus au fond de quelque ravin, ils disparaissaient tout-à-coup pour se rallier sur les hauteurs, se retranchaient dans les rochers, et devenaient inaccessibles.

Nos troupes éparses et forcément séparées étaient harcelées sans cesse , et fatiguées au point que quelques groupes isolés périssaient de misère. Une campagne dans quelques cantons de ce pays, où l'on remportait à peine de faibles avantages , coûtait plus que la conquête d'un royaume; et l'on pouvait dire de ces peuples qu'ils n'étaient pas fort à craindre hors de leurs terres , mais qu'ils devenaient presque invincibles au milieu de leurs montagnes.

Les nobles chevaliers, qui ne s'attendaient pas à une irruption aussi subite, se rallient cependant, se serrent étroitement, et présentent un front redoutable. Mais que sert la valeur sur un terrain peu large , inégal, escarpé , dont les hauteurs sont occupées par des barbares qui se précipitent des deux côtés? Ces intrépides guerriers succombèrent donc; mais ils voulurent du moins périr comme ils avaient vécu, c'est-à-dire en faisant des prodiges d'héroïsme.

Leurs féroces ennemis exercèrent contre eux les plus grandes cruautés. Ils les mutilèrent, ils prolongèrent leurs horribles souffrances ; mais ces tourments, endurés pour la cause de la religion, leur valurent la palme glorieuse du martyre.

Il faut que leur mémoire brave les injures du temps , et que leurs titres soient transmis honorablement à la postérité la plus reculée : outre les noms que j'ai déja cités, on se rappellera toujours avec autant de respect que d'attendrissement ceux du comte de Guarenne, de Renaud de Tonnerre, de Manassès de Bulles, d'Évrard de Breteuil, et d'Ivrée de Maignac, qui, avec Gaucher de Chastillon, furent les principales victimes de cette rencontre funeste.

Toute l'armée déplora la perte de ces braves, et la regarda comme une calamité. Louis-le-Jeune surtout parut inconsolable. Il écrivit sur ce triste sujet une lettre touchante à Suger, abbé de Saint-Denis et régent du royaume. Il y déploie une sensibilité profonde qui honore son cœur encore plus que son esprit.

Guillaume, archevêque de Tyr, parlant dans ses écrits de Gaucher de Chastillon et des autres victimes de cette catastrophe imprévue, s'écrie dans le transport d'une inspiration subite : « Oui, généreux martyrs, vous êtes dignes d'un glorieux souvenir ; vos noms sont gravés dans le ciel en caractères ineffaçables, et votre mémoire sera éternellement en bénédiction parmi les hommes. »

Gaucher de Chastillon laissa une veuve qui lui survécut pendant un grand nombre d'années, et des fils qui, comme nous le verrons bientôt, héritèrent de son courage, de ses vertus, et de son zèle pour la défense de la religion.

Guy de Chastillon, second du nom, qui épousa Alix de Montmorenci, fille de Mathieu de Montmorenci, maréchal de France, marcha sur les traces de son père, et eut en partage toutes les qualités religieuses et morales qui caractérisaient Gaucher de Chastillon ; libéralité, munificence, désintéres-

sement, affabilité, tout en lui conciliait le respect
et l'amitié de ses vassaux. Il anima leur industrie
autant qu'on pouvait l'encourager dans un temps
où l'on ne connaissait pas encore l'art de donner
l'essor aux talents et de les développer. L'agricul-
ture était un des objets de ses occupations, mais
il se bornait presque entièrement à la culture des
arbres à fleurs et à l'art encore informe d'embellir
les jardins. Cependant les lettres, et surtout la poésie,
encore au berceau et dans sa première enfance,
charmaient ses loisirs et faisaient ses délices. Guiot
de Provins, qui en l'année 1200 composa une
Bible, désira connaître ce seigneur bienfaisant.
Il vint donc le trouver, lui montra son ouvrage, et
en reçut des présents magnifiques. Guy de Chastillon savait joindre au plaisir de faire des largesses
l'heureux talent de donner avec délicatesse. On
en peut juger par les expressions du poète de Provins :

> Qui refuse (dit-il) Guy-de-Chastillon ?

c'est-à-dire, comment peut-on refuser Guy de Chastillon, qui donne avec tant de grace et d'aménité ?
Tel est le sens de ces vers gaulois. Et à la fin il dit :

> Je ne vous ai baron nommé
> Qui ne m'oit vu ou donné ;
> Pour ce sont en mon livre écrits.

Cela veut dire : Tous les barons qui m'ont vu se

sont empressés de me donner; aussi les noms de tous sont honorablement inscrits dans mon ouvrage.

Gauthier de l'Isle était aussi un des plus célèbres poètes de son temps, mais ses vers n'avaient pas plus d'harmonie que ceux de Guiot de Provins. Il faut avouer cependant que ce poète avait beaucoup de facilité à composer des vers latins. On a de lui un beau poème en cette langue, dont le sujet est la *Vie d'Alexandre*. Cet ouvrage a été imprimé et se trouve en manuscrit dans quelques bibliothèques. Quoi qu'il en soit, Guy de Chastillon, qui savait si bien honorer et encourager les talents, fit proposer à Gauthier de l'Isle un logement commode, tous les agréments de la vie, et surtout ceux qui pouvaient lui convenir, tels qu'une heureuse indépendance, un doux repos, et les plaisirs que promet la vie champêtre. Le poète, enchanté de cette offre, vint s'établir à Chastillon, où il reçut de son bienfaiteur l'accueil le plus favorable et le plus distingué. Ce fut dans le sein de cette retraite délicieuse qu'il travailla sans relâche à son poème latin, dont Guy de Chastillon avait accepté la dédicace. Mais une mort aussi funeste qu'imprévue lui enleva son bienfaiteur. Gauthier de l'Isle, accablé de douleur et de regrets, vint demeurer à Reims, acheva son ouvrage, qu'il dédia à l'archevêque Guillaume, oncle du roi Philippe-Auguste.

Guy eut pour fils Gaucher de Chastillon, troisième du nom, qui fut un des plus recommandables et des plus puissants seigneurs de son siècle. Mais pour ne pas rompre la chaîne des évènements, pour les ramener à leur véritable époque et me concentrer dans ceux qui intéressent la maison de Chastillon, il est nécessaire que je revienne un peu sur mes traces.

J'ai déjà parlé de l'expédition de la Terre-Sainte sous le règne de Louis-le-Jeune, et du malheur qui arriva à Gaucher de Chastillon, second du nom. Le roi fut à peine dans ses états, que le sultan, ennemi des chrétiens, poussa ses conquêtes avec une étonnante rapidité; les malheurs se succédèrent dans la Palestine presque sans interruption. Bau douin III, prince d'une prudence consommée et d'un courage à toute épreuve, mourut victime de la scélératesse d'un médecin qui l'empoisonna. Amauri, son digne frère, sollicita de prompts secours de Louis et des autres princes de l'Europe, qui, se trouvant dans des conjonctures délicates, ne pouvaient ni ne devaient quitter leurs états. Pour comble d'infortune, Baudouin IV, fils d'Amauri, qui remporta une grande victoire sur les infidèles à quelque distance de Jérusalem, se trouvant surpris peu de temps après au milieu des rochers, ne put échapper à la poursuite des ennemis. Bientôt il fut attaqué de la lèpre et incapable d'agir. Enfin, pour que rien ne manquât au malheur des chrétiens, de funestes divisions agitèrent le royaume et la consternation se répandit dans tout les cœurs. Tel était l'état déplorable des choses, lorsqu'un

personnage ambitieux , jaloux de l'autorité de
Lusignan, un homme hardi, entreprenant, et pos-
sédant le talent d'entretenir et de diriger la haine
des chrétiens contre les musulmans; enfin, Raymond de Toulouse, comte de Tripoli, conçut et
exécuta le projet de faire rompre la trève, et
d'irriter le puissant Saladin contre le roi de Jérusalem. Les intérêts de la religion servirent de
prétexte à sa conduite criminelle. Il sut si bien
colorer la noirceur de sa trahison, qu'en affec-
tant un zèle ardent pour la défense de la foi , il
détermina Renaud de Chastillon à enlever la grande
caravane des sectateurs de Mahomet qui de l'É-
gypte se rendaient dans l'Arabie. Ce seigneur, qui
détestait cette secte , mais par un motif bien op-
posé à celui de Raymond, fit prisonniers tous ceux
qui composaient le pèlerinage. Le sultan , instruit
de cette mesure violente, sollicita, mais inutilement,
la liberté des voyageurs. Les chevaliers français,
animés par les suggestions du comte de Tripoli,
firent des fautes et commirent des imprudences
dont ils ne tardèrent pas à se repentir. Plusieurs
d'entre eux, enclins à la raillerie , et dans cet âge
qui méconnaît la crainte sans envisager l'avenir,
se répandirent contre Mahomet en sarcasmes amers
et en invectives sanglantes.

Saladin , auquel on avait particulièrement dé-
noncé Renaud de Chastillon comme ennemi im-
placable du prétendu prophète, jura, dans son
indignation , de le tuer lui - même de sa propre

main, et de faire aux chrétiens une guerre éternelle. On traita de jactance le serment de Saladin;
mais, pour le malheur de Renaud de Chastillon,
il ne fut que trop tôt accompli.

Le sultan rassemble donc une armée formidable, composée de cinquante mille hommes, assiège
la place de Tibériade, et la prend d'assaut. Le roi
de Jérusalem réunit ses forces, accourt en toute
hâte, et présente le combat au sultan. L'histoire
offre peu d'exemples d'une bataille aussi opiniâtre
et aussi sanglante, puisqu'elle dura deux jours en-
tiers. Mais enfin les chrétiens, épuisés de fatigue
et de soif, et ne recevant aucun secours sur un
terrain brûlant et sous un ciel d'airain, furent
tous massacrés ou faits prisonniers. Le roi, Guy
de Lusignan, Renaud de Chastillon, le maître des
templiers, et celui des hospitaliers, furent les principaux captifs. Le comte de Tripoli s'échappa
heureusement l'épée à la main, et se retira à
Tyr. Mais comme il avait rompu le traité, il fut
accusé de ce désastre et même de trahison, et
emporta dans sa retraite la haine des chrétiens et
des musulmans.

Cependant l'infortuné monarque s'attendait à
une destinée funeste. Mais quel fut son étonne-
ment lorsqu'au lieu de la mort, qu'il avait bien
sujet de craindre, il reçut de Saladin les plus
grands témoignages d'estime et d'amitié! Le sultan, pour en donner une preuve non équivoque,
présenta au roi une coupe remplie d'une liqueur

2

rafraîchie dans de la neige. C'était le gage certain du pardon qu'il lui accordait. Lusignan, après en avoir bu, la présenta à Renaud de Chastillon. « C'est à toi, dit le sultan au roi, que j'ai offert des rafraîchissements, et non pas à un homme maudit qui ne doit espérer de pardon qu'en embrassant la loi de notre saint prophète. — Ta proposition m'outrage, dit Renaud avec fermeté, et les menaces ne m'intimident point. Apprends donc, ô sultan, que je déteste ta secte impie, et que tout l'appareil des plus affreux supplices ne sera pas capable de me faire abjurer la vraie religion; » déclaration magnanime qui lui mérita la palme du martyre et le bonheur de laver dans son sang une faute dont le comte de Tripoli était beaucoup plus coupable que lui, au jugement même des infidèles. Saladin, pour remplir son serment, lui déchargea un coup de sabre sur la tête, et ceux de sa suite achevèrent de l'immoler. Telle fut la fin glorieuse et pourtant déplorable de Renaud de Chastillon, prince d'Antioche, dont il est nécessaire ici d'esquisser le portrait fidèle : Renaud de Chastillon, jeune et superbe, nourri dans un rang où l'on puise aisément l'orgueil lorsqu'on n'est pas continuellement en garde contre cette passion, Renaud fut favorisé par la nature d'une physionomie charmante; les traits de son visage étaient parfaitement réguliers; ses regards peignaient la majesté, et en même temps je ne sais quoi de sauvage et d'austère. La hauteur de sa taille

et la juste proportion de tous ses membres le
faisaient passer pour l'homme le mieux fait de
toute l'armée.

La princesse d'Antioche le vit, il lui plut, elle
l'aima, et bientôt une heureuse sympathie unissant ces deux cœurs, elle épousa ce chevalier et
lui donna pour dot la principauté d'Antioche. Cette
souveraine ne crut point se mésallier par ce
mariage. Le descendant des comtes de Troyes et
de Champagne, des vidames de Reims, qui
avaient mêlé leur sang à celui des princes de la
famille royale et des autres souverains de l'Europe,
pouvait bien prétendre à cet honneur et briguer
ce brillant hyménée.

Renaud de Chastillon était fils de Gaucher, premier du nom. Ce preux chevalier, à la sollicitation
d'Urbain second, son oncle, entreprit le voyage
de la Terre-Sainte, qui fut proposé par le souverain pontife à l'ouverture du concile de Clermont.
Albert d'Aix, auteur du temps, rend un témoignage honorable de la conduite de Guy, premier
du nom, dans cette expédition, où il se dévoua
entièrement à la défense de la foi chrétienne.

Cependant les affaires d'Orient tombaient tout-
à-fait en décadence. Les conquêtes des croisés
leur échappaient chaque jour; dans l'extrémité où
ils étaient réduits, ces braves et malheureux ché-
valiers multiplièrent leurs ambassades et leurs ins-
tances auprès des princes chrétiens; ils s'adressè-
rent particulièrement à Philippe-Auguste, qui

régnait alors. Ce prince, affligé des tristes nouvelles qu'il recevait de toutes parts, résolut en 1189
d'aller au secours de la Terre-Sainte avec Richard,
roi d'Angleterre. Les préparatifs du voyage furent
assez longs; enfin on s'embarqua, et dans le cours
de l'année 1191 plusieurs vaisseaux français arri-
vèrent heureusement à Ptolémaïs, qu'on nomme
Acre ou Saint-Jean-d'Acre.

Un grand nombre de seigneurs voulurent par-
tager les dangers de cette expédition lointaine.
Parmi les plus distingués on remarquait Gaucher
de Chastillon, troisième du nom, et Guy son frère.
Ces deux chevaliers étaient fils de Guy de Chastillon, second du nom, et d'Alix de Dreux, fille
de Robert de France. Gaucher avait fait une brillante alliance en épousant Élisabeth de Saint-Paul,
cousine germaine de la reine Élisabeth de Hainaut.
Ce brave seigneur eut pour compagnons Guillaume, comte de Dreux, son parent; Geoffroi de
Joinville; Guy de Dampierre; Henri, comte de
Champagne; Étienne, comte de Sancerre; Anséric
de Montréal; et Raoul, comte de Clermont en
Beauvoisis. Le siège d'Acre se termina avec gloire
pour les princes croisés; mais cette action opiniâtre et meurtrière fit périr l'élite de la noblesse
française. Les plus illustres victimes de cette expédition furent Guy de Chastillon, frère de Gaucher,
Gilbert de Tilliers, Geoffroi d'Aumale, le vicomte
de Châtellerault, et plusieurs autres braves de dis-
tinction. Mais la mort de Raoul, sire de Couci,

parut la plus déplorable par les circonstances affreuses et touchantes dont elle fut suivie. La dame du Fayel, pour laquelle il avait une passion aussi tendre qu'innocente, ayant su que son cruel époux, dans un excès de rage et de jalousie, avait fait servir sur sa table l'horrible mets du cœur de Raoul, mais n'ayant été instruite qu'après qu'elle l'eut mangé, cette infortunée fut si frappée de terreur, qu'elle jura de ne prendre aucune autre nourriture, et mourut peu de jours après avoir fait ce serment.

Gaucher de Chastillon eut en même temps à déplorer deux pertes bien sensibles, celles de son frère et de son allié; mais elles ne ralentirent point son courage, et il trouva des consolations dans le zèle dont il était animé pour la défense de la foi.

Richard, roi d'Angleterre, disait de lui que *ses armes faisaient merveilles.* Ce prince admira ses exploits guerriers, et lui donna hautement la préférence sur plusieurs braves de l'armée qu'il s'associa pour aller au secours de Jaffa. *Digne chevalier,* dit-il à Chastillon, *le château de Jaffa ne peut tenir par terre, il faut le délivrer par mer. J'ai donc pris la résolution d'appareiller une galère, et je vous en donne le commandement.*

Gaucher de Chastillon, sensible à cet honneur, remercia le prince, monta le premier sur le bâtiment, et choisit pour ses lieutenants Guy de Montfort et le comte de Clèves. Arrivé près du château de Jaffa, Chastillon ordonna qu'on fît les signaux qui indiquaient un prompt et puissant secours. On peut juger de la joie que causa cette nouvelle à des hommes qui ne s'attendaient plus qu'à une prochaine désolation. La garnison du château trouva les moyens d'y faire entrer ces braves chevaliers, qui, réunis aux assiégés, et ayant à leur tête Gaucher de Chastillon, firent une sortie brusque et vigoureuse qui mit les Sarrasins en désordre, et les contraignit à une fuite honteuse.

Gaucher de Chastillon, ayant acquis dans la Palestine la réputation d'un grand capitaine, revint en France, où il apprit bientôt qu'on formait une autre croisade contre les Albigeois.

Les lecteurs seront sans doute curieux de savoir quelle fut l'origine de la guerre longue et sanglante que l'on fit aux Albigeois. C'était une secte de manichéens sortis d'Italie. Ils infectèrent la France de leurs erreurs, et se répandirent dans le Languedoc en l'année 1147.

Cette détestable hérésie fit tant de progrès dans l'espace de plusieurs années, qu'Innocent III fit prêcher une croisade contre les Albigeois, qui étaient protégés par les comtes de Toulouse, de Comminges, de Foix, et par un grand nombre de chevaliers.

Ce pape nomma chef de l'armée Simon de Montfort, auquel, en vertu d'une bulle, il donna la ville d'Albi et l'Albigeois.

Gaucher de Chastillon se joignit à ce commandant avec grand nombre de chevaliers animés du même zèle que lui, et plusieurs de ses vassaux. Les Albigeois, pressés de tous côtés, et d'ailleurs peu instruits dans l'art de la guerre, ne firent pas une grande résistance. Enfin le crédit du pape, les prédications, les conciles, dont l'un condamna à une prison perpétuelle le partisan principal de l'hérésie, tout cela réuni dissipa entièrement cette ligue criminelle.

Gaucher de Chastillon déploya ensuite tant d'intelligence et de bravoure au siège de Béziers, que Philippe-Auguste le chargea du commandement de l'armée qu'il envoya en Bretagne. Ce brave chevalier força en peu de jours le fort de Garplie qu'on regardait comme imprénable, se mit bientôt après à la tête des autres troupes qui se réunirent en Flandre, se rendit maître des villes de Tournai, de Mortagne, et de presque tout le pays.

Mais c'est à la bataille de Bouvines, village situé entre Lille et Tournai, qu'il faut admirer les prodiges de valeur de Gaucher de Chastillon. Sans m'engager dans de longs détails qui sont du domaine de l'histoire de France, je me contenterai de dire que quand Philippe - Auguste rassembla toutes ses forces entre Lille et Tournai, il avait pour ennemis presque tous les princes de l'Europe. L'armée de l'empereur Othon IV était composée de près de deux cent mille hommes, tandis que le nombre des Français ne s'élevait qu'à quatre-vingt mille combattants.

Mais comme la nécessité tire parti de tout, ils saisirent adroitement l'avantage du terrain, et celui d'avoir le soleil et le vent au dos pendant toute l'action, qui s'engagea un peu avant midi. L'armée française avait de plus des chefs aussi aguerris qu'expérimentés dans Gaucher de Chastillon, Eudes, duc de Bourgogne, Robert, comte de Dreux, Pierre de Courtenai, Étienne, comte de Sancerre, vingt-deux chevaliers portant bannières, et environ douze cents chevaliers.

On commença le combat en faisant attaquer les gendarmes flamands par cent cinquante chevau-légers des milices de Soissons. Ces gendarmes, irrités de ce que, contre l'usage reçu, on leur opposait de la cavalerie légère, et le mépris se joignant à la fureur, se contentèrent de décocher une grêle de traits dont tous les chevaux furent percés.

Les chevaliers français se récrièrent contre cette action des Flamands; elle n'était pas *de bonne guerre*, et ils prirent sur-le-champ la résolution de combattre à pied. Cette conduite des Flamands était contraire à une convention qui défendait de sé servir d'arbalètes dans les batailles, parce que, disait-on, avec cette arme, l'homme le plus lâche pouvait tuer le plus brave sans acquérir aucune gloire. Telle était l'opinion qui dominait alors. Gaucher de Chastillon, en abandonnant son cheval, fut un des premiers qui donnèrent l'exemple.

Pour l'intelligence de ce que je vais raconter, il est nécessaire de savoir qu'il régnait une étroite union entre ce seigneur et Renaud, comte de Boulogne, un des chefs de l'armée de l'empereur, ce qui fit élever quelques doutes sur la fidélité de ce brave chevalier. Gaucher de Chastillon, pour les dissiper, prêt à s'élancer sur les ennemis : *Suivez - moi,* dit-il au comte de Beaumont, au duc de Bourgogne et à Mathieu de Montmorenci, *je vais vous montrer que je suis un bon traître.* Aussitôt il fond sur les premiers rangs qui se rompent, renverse tout ce qu'il rencontre, perce la ligne et la met en déroute.

Le duc de Bourgogne, qui était gros et pesant, fut renversé, mais les Bourguignons parvinrent à le soustraire à une mort inévitable. Gaucher, signalant son bras et sa fidélité, reçut jusqu'à douze cents coups de lances sur ses armes sans en être ébranlé ni renversé. Tous les guerriers, aussitôt relevés qu'abattus, déployèrent un courage que le danger ne fit qu'irriter. Gaucher de Chastillon vint jusqu'à trois fois à la charge avec ses intrépides compagnons. Le roi courut les plus grands risques et fut presque étouffé sous les pieds des chevaux; mais ses fidèles serviteurs, lui faisant un rempart de leur corps, écartèrent les ennemis et le relevèrent. La fortune flotta long-temps incertaine, et ne se déclara que le soir en faveur des Français, parce qu'ils firent un dernier effort contre le corps d'armée où était l'empereur Othon; ils y jetèrent le désordre et l'épouvante; les Allemands ne trouvèrent de salut que dans la fuite.

Les soldats des autres nations firent aussi une prompte retraite, et abandonnèrent le champ de bataille à l'armée française.

Philippe victorieux ramena en triomphe tous ses braves, retint Gaucher de Chastillon à sa cour, et voulut qu'il prît part, ainsi que les autres, à toutes les réjouissances qu'il donna pendant plusieurs jours.

Gaucher de Chastillon, troisième du nom, eut deux fils, dont l'un fut Guy, comte de Saint-Paul, troisième du nom, et l'autre Hugues, comte de Blois. Le comte de Saint-Paul voulut d'abord prendre part à la guerre que l'on avait déclarée aux Albigeois, et se rendit à l'armée qui se dirigeait sur le Languedoc. Ensuite il tourna ses pas du côté d'Avignon, dont on faisait le siége. Cette ville, agréablement située dans une campagne fertile, a vers le couchant le fleuve du Rhône qui baigne ses murailles. Le comte de Saint-Paul s'en étant approché pour reconnaître la place, fut, au mois d'août 1226, atteint au front d'un coup de pierre si violent, que, mortellement blessé, il rendit les derniers soupirs sur les bords du fleuve.

Hugues, comte de Blois, son frère, s'étant croisé avec le roi Louis IX, pour voler au secours des chrétiens dans la Terre-Sainte, ce monarque, avant de partir, fit la revue générale de ses troupes, et le comte de Blois y parut à la tête de cinquante preux chevaliers portant bannières.

Guy, comte de Saint-Paul, eut la gloire de comp-

ter parmi ses enfants l'immortel Gaucher de Chastillon, quatrième du nom et comte de Saint-Paul.
Ce jeune seigneur, d'une taille et d'une figure avan-
tageuses, affable et généreux, épousa Jeanne de
Boulogne, fille unique de Philippe de France. Le
ciel avait imprimé sur son front sa noblesse et sa
valeur. Saint Louis, en 1245, malgré les remontrances de la reine sa mère, s'engagea même avec
serment à entreprendre le voyage de la Terre-Sainte.
Il tint donc un parlement à Paris au mois d'octobre
de cette année. Une assemblée aussi solennelle, où des
orateurs développèrent de grands talents, fit beaucoup de prosélytes à la croisade. On vit renaître alors
dans le cœur des Français et l'enthousiasme et l'ancienne ardeur pour cette expédition lointaine, dont
l'exécution avait coûté tant de sang et suscité tant
de malheurs. Le comte de Saint-Paul fut un des
premiers qui ambitionnèrent la gloire de s'associer
à cette entreprise. Gaucher de Chastillon, son neveu,
rivalisa de zèle avec son parent et brigua le même
honneur. On vit paraître sur les premiers rangs
Pierre, comte de Bretagne; Hugues, duc de Bourgogne; Guillaume de Dampierre, comte de Flandre; Hugues de Lusignan, comte de la Marche;
Raoul de Couci; et Jean, sire de Joinville, dont le
style simple et naïf a tous les caractères de la vé-
racité.

Le comte de Saint-Paul, pour se préparer conve-
nablement à ce grand voyage, fit son testament,
disposa de ses biens, et, à l'exemple du sire de Join-

ville, sénéchal de Champagne, il assembla ses vassaux et même ses voisins, leur disant que, quoiqu'il ne se sentît coupable d'aucune injustice, cependant, si quelqu'un avait à se plaindre de lui, il pouvait le déclarer sans crainte, et qu'il était prêt à réparer ses offenses. Cette action fait voir quelles étaient les mœurs de ce temps, ainsi que la candeur et la bonne foi de ces preux chevaliers. Hélas! pourquoi cette justice et cette droiture si sévère n'ont-elles pas duré toujours? Faut-il que nous soyons forcés de regretter ces siècles antiques, où à la vérité on pensait moins, mais aussi où l'on vivait beaucoup mieux? Les lecteurs me pardonneront une réflexion que la conduite du brave Chastillon légitime et autorise.

Le comte de Saint-Paul, inviolablement attaché à la personne et à la fortune du monarque, s'embarqua avec ce prince, le 25 août 1248, à Aigues-Mortes, port aussi malsain qu'incommode. Lorsqu'il fut arrivé en Chypre, où régnait Henri de Lusignan, une maladie presque aussi contagieuse que la peste se manifesta bientôt et fit périr beaucoup de monde. La désolation fut générale, et on prit le parti de passer l'hiver dans cette contrée. L'argent manqua peu de temps après à la plupart des croisés, par un séjour long et imprévu. Gaucher de Chastillon se trouva dans un grand embarras, ainsi que le sire de Joinville et quelques autres chevaliers. Le roi le sut, s'engagea, répondit et s'obligea pour eux, avec Spinola et Doria, marchands italiens.

Enfin la maladie ayant cessé d'exercer ses ravages et le vent étant favorable, on mit à la voile. La navigation fut paisible, et malgré les obstacles que présentent les côtes de l'Égypte, la plus grande partie de l'armée y aborda heureusement. Le comte de Saint-Paul et le sire de Joinville sautèrent les premiers sur la rive et furent suivis de tous leurs vassaux : le danger les y attendait, mais ils surent en triompher par leur intrépidité; et pour premier exploit sur le sol étranger, ils mirent en déroute six mille cavaliers sarrasins, qui firent une vigoureuse résistance.

Cependant la flotte avait été un peu dispersée sur les côtes de l'Égypte, hérissées de rochers extrêmement aigus. D'ailleurs, plusieurs vaisseaux éprouvèrent des obstacles et furent obligés de s'éloigner du rivage, pour y parvenir ensuite beaucoup plus sûrement.

Le roi étant donc arrivé à Damiette, on tint un grand conseil pour délibérer sur ce qu'il y avait à faire dans la circonstance actuelle. Devait-on attendre l'arrivée des troupes qui étaient en retard, ou profiter des avantages qu'on avait obtenus, pour marcher sans délai sur le Caire et s'emparer de la basse Égypte? Le comte de Saint-Paul et le sire de Joinville soutinrent qu'il fallait ne point perdre de temps et s'acharner à la poursuite de l'ennemi, dont la terreur avait paralysé les forces. Ils ajoutèrent que la prise de la ville du Caire déciderait du sort de l'Égypte, et qu'après cette conquête on pourrait se livrer au repos.

Cet avis était sage, et le roi partageait cette opinion. Mais le plus grand nombre des chevaliers et des seigneurs puissants représentèrent qu'il n'était pas convenable d'abandonner leurs braves compagnons, qui deviendraient les victimes des infidèles lorsqu'on ne serait plus à portée de les secourir, et qu'il valait beaucoup mieux attendre leur arrivée. Cet avis prévalut, mais les résultats furent vraiment funestes aux Français. La ville de Damiette parut aux yeux du roi aussi fatale aux Français que le furent les délices de Capoue aux troupes d'Annibal. L'oisiveté, les plaisirs de la table, l'usage immodéré des vins et la fureur du jeu, engendrèrent la débauche et le libertinage. Les vices prirent tant d'empire qu'on s'y livra sans pudeur jusque dans le voisinage de la maison occupée par le roi.

Ce pieux monarque gémit et trouva quelques consolations dans la conduite pure et chaste du comte de Saint-Paul, du sire de Joinville, sénéchal de Champagne, et de plusieurs autres chevaliers aussi sobres que religieux. Cependant les incursions des Sarrasins, qui profitèrent de ces désordres, firent enfin sortir une foule de braves guerriers de l'abîme où le vice les avait précipités. Le combat sanglant de la Massoure leur donna une grande et terrible leçon. Ils achetèrent bien chèrement une victoire passagère. Les fatigues de cette journée furent horribles et les pertes considérables.

Gaucher de Chastillon, qui ne manqua point les occasions de se signaler dans cette action mémorable, quoique couvert de sang, de sueur et de poussière, parcourut le champ de bataille et vit que le nombre des morts parmi les infidèles excédait beaucoup celui des Français. Les Sarrasins, malgré cet échec, vinrent les attaquer dans la nuit qui suivit le combat. Aussitôt le comte de Saint-Paul monta à cheval avec le sire de Joinville et sa compagnie. Ces barbares avaient déjà forcé et dissipé les premières gardes; mais enfin ils furent repoussés avec grand carnage et renoncèrent à leur entreprise.

Le lendemain, Louis IX fit fermer son camp et mettre des barrières capables de le garantir des insultes de la cavalerie des infidèles, qui, malgré tant de défaites, résolurent d'attaquer les retranchements des croisés. On partagea les troupes en plusieurs corps presque tous d'infanterie. Le comte de Saint-Paul parut à la tête de quelques chevaliers, mais guerriers d'élite et en état de se bien défendre.

On combattit à la vérité partout avec une égale valeur, mais avec des succès bien différents. Gaucher de Chastillon, que Joinville désigne sous le nom de *preux et vaillant chevalier*, le brave Mauvoisin et les autres seigneurs croisés, firent

des actions héroïques presque incroyables. Ils ne
purent être entamés ni par le nombre ni par la
fureur et l'opiniâtreté des infidèles. Les Français
se surpassèrent, puisqu'ils obtinrent de grands
avantages quoique dépourvus de cavalerie et de
presque toutes leurs armes. Ils eurent à combattre
une troupe quatre fois plus nombreuse que la
leur, et munie de tout ce qui contribue puissamment à la victoire.

Tant de cadavres restèrent sans sépulture et
infectèrent tellement l'air embrasé par l'ardeur
du soleil, qu'une maladie contagieuse se déclara
tout-à-coup. Le roi résolut alors de retourner à
Damiette, et, quoique languissant, il se mit à la
tête du corps de bataille; quant à l'arrière-garde,
il en confia le commandement au comte de Saint-
Paul, qui se chargeait toujours des emplois les
plus difficiles. Ce brave chevalier soutint tout
l'effort des Sarrasins et fit une très belle retraite.

Les infidèles faisaient usage d'un feu auquel on
donna le nom de feu de Médée, mais plus com-
munément celui de feu grégeois, parce qu'il fut
inventé par Callinique, architecte d'Héliopolis,
sous l'empire de Constantin. C'était un feu ardent,
un feu terrible et meurtrier, qui consumait tout
et qui vivait au milieu des eaux. On le lançait
ordinairement avec des espèces d'arbalètes, et il
tombait comme des globes de feu. Les Sarrasins
le soufflaient aussi dans les combats avec de longs
tuyaux de cuivre.

Le saint roi, effrayé du dommage que causait ce feu dévorant, se prosterna en criant à haute voix : *Beau sire Dieu Jésus-Christ, garde-moi et toute ma gent.* Joinville, sénéchal de Champagne et ami particulier du comte de Saint-Paul, remarque que les ferventes prières du pieux monarque produisirent souvent un effet salutaire. L'intrépide Chastillon fit des actions de valeur qui mériteraient d'être connues de tout l'univers. L'infortuné monarque, garanti par l'arrière-garde toujours sous les ordres du comte de Saint-Paul, monta sur un cheval de petite taille dont l'allure était douce, ce qui convenait à son extrême faiblesse. Presque moribond, on le voyait sans cuirasse, sans casque et sans autre attirail de guerre que son épée. Tandis qu'il s'acheminait vers Damiette, on aperçut tout-à-coup la campagne couverte de Sarrasins ; ils passèrent le Thanis, soit à gué, soit à la nage, soit sur un pont que les croisés n'avaient pas eu la précaution de rompre. Gaucher de Chastillon, qui, frappant de tous côtés, facilitait la retraite de Louis, fut puissamment secondé par un de ses parents, Guy du Chatel, évêque de Chartres, encore dans la force de l'âge, et vaillant comme tous ceux de la famille de Chastillon, dont il était issu. Ce prélat connaissait bien les canons qui défendaient aux ecclésiastiques de manier les armes, par ce principe que : *Ecclesia abhorret à sanguine,* l'Église a horreur du sang. Mais il pensait, comme tous les autres prêtres qui s'étaient croisés, que ces défenses exceptaient les guerres saintes, alléguant qu'un pasteur qui abandonnait son troupeau pour courir après les loups était bien en droit de les tuer. D'après cette opinion, généralement adoptée, Guy du Chatel, préférant la mort et le martyre à la honte de tomber entre les mains des infidèles, résolut de les combattre à toute outrance. L'horrible idée d'une affreuse captivité alluma son sang et doubla ses forces ; il se précipite donc presque seul au milieu des escadrons ennemis, perce cavaliers et chevaux avec son arme foudroyante. Ce brave prélat combattit toujours avec intrépidité. Il succomba enfin, après avoir perdu tout son sang ; et comme il cherchait la mort en combattant pour Jésus-Christ, il la trouva, et son vœu le plus cher fut accompli.

Gaucher de Chastillon déplora la perte de son parent, mais il montra plus de conduite sans déployer moins de valeur ; il soutint avec Sargines presque toute l'impétuosité des Sarrasins. Le roi ne cessait de faire l'éloge de ces deux chevaliers en disant qu'il n'avait jamais vu de guerriers se distinguer par tant d'exploits que ceux qui furent multipliés par ces braves dans une aussi cruelle extrémité. Toutes les fois que les Sarrasins s'approchaient du monarque, ils les perçaient de leurs épées, ou les éloignaient du roi. Ce fut ainsi qu'ils conduisirent Louis IX jusqu'à une petite ville appelée Casel ou Sarmosac. Là, ce monarque descendit, mais si excédé de faiblesse qu'on croyait à tout moment qu'il allait expirer. Cependant Gaucher n'était occupé que de la sûreté du roi. Quoique seul, il défendit long-temps l'entrée d'une rue étroite qui aboutissait à la maison où les fidèles serviteurs de Louis croyaient rendre à leur maître les derniers devoirs. Tantôt le comte de Saint-Paul s'élançait sur les Sarrasins, tantôt avec la rapidité de l'éclair il renversait ou tuait tous ceux qu'il atteignait. Mais ce qu'on aura peine à croire, c'est que ce héros faisait une retraite momentanée pour arracher de sa cuirasse, et même de son corps, les flèches dont il était criblé.

Retournant ensuite avec plus d'acharnement, il se levait sur ses étriers, criant de toutes ses forces : *A moi! Chastillon, où sont mes prud'hommes?* Personne ne répondait, tous étaient frappés du coup mortel. Enfin, épuisé de fatigue et couvert de blessures, il expira en défendant sa religion et son roi, et un Sarrasin féroce lui coupa la tête.

Pour donner encore plus d'authenticité à ce trait admirable, je crois devoir citer un passage d'une des productions historiques de M. de Dampmartin, qui s'exprime ainsi :

« Le jour fatal ou saint Louis tombe au pouvoir des Sarrasins, Gaucher de Chastillon se distingue par des faits d'armes dignes d'une éternelle mémoire. Seul, l'épée à la main, il défend assez long-temps l'entrée d'une des rues qui conduisait à la maison dans laquelle le roi prenait quelque repos.

On voyait ce redoutable guerrier hérissé de traits
que les ennemis lui lançaient de toutes parts, et
ses armes teintes de son généreux sang, s'élever
sur ses étriers, frapper des coups terribles et crier
d'une voix tonnante : «Chastillon, chevaliers, et où
« sont maintenant mes preud'hommes? que n'ac-
« courent-ils pour venger ma mort sur les méchants
« Sarrasins ?» Ce ne fut qu'après sa mort que les
Sarrasins purent s'avancer. »

Ainsi finit Gaucher de Chastillon, comte de
Saint-Paul, jeune seigneur, âgé de 28 ans, mais
déjà l'objet de l'admiration générale par ces qualités éminentes qui font les vrais héros.

Le comte de Saint-Paul périt beaucoup trop tôt
pour l'exemple et l'ornement du monde. Mais
comme Dieu ne mesure point par les années la
course des élus, on peut dire que sa mort ne fut
pas prématurée, puisque les cyprès qui devaient
un jour orner sa tombe se changèrent tout-à-coup
en palmes victorieuses.

Il était dans la destinée des Chastillon de donner de grands exemples au monde, et d'acquérir
de la gloire dans tous les genres. Ils devaient servir la religion par leur piété, le gouvernement
par leur génie, et la France entière par leur intrépidité.

Ces Français généreux ne se sont pas seulement
distingués au milieu du tumulte des camps et du
fracas des armes; les occupations sérieuses qui
exigent de la sagesse, de la prudence et des ré-

flexions profondes, leur ont été familières et appropriées à leur génie.

Jean de Chastillon, fils aîné de Hugues, comte de Blois, de Chartres et de Dunois, fut substitué à Pierre de France pour la tutelle des enfants de Philippe-le-Hardi, prince crédule et facile à tromper, mais qui eut le talent de faire un heureux choix.

Ce ministre sut modérer l'ardeur de deux frères qui, étant issus de mariages différents, pouvaient devenir ennemis plutôt que rivaux ; il ne cessait de donner aux jeunes princes des leçons salutaires, et leur traçait d'un pinceau rapide et énergique les évènements funestes qui avaient englouti et dévoré les succès passagers des croisades dans la Palestine. Toujours vrai, toujous juste, toujours intègre, il n'attendit rien de la fortune et ne redouta point sa malignité. Parmi les courtisans, les uns paraissaient dévoués aux intérêts des enfants nés du premier mariage ; les autres, pour s'insinuer dans les bonnes grâces de Marie de Brabant, s'attachaient au parti du comte d'Évreux, encore enfant, et qui fut la tige des rois de Navarre.

Jean de Chastillon sut arracher du cœur de ses pupilles jusqu'au germe de la jalousie, source fatale des divisions qui bouleversent les empires. Il maintint toujours pendant sa tutelle un parfait équilibre entre les différents pouvoirs, et conserva cette heureuse harmonie qui fait admirer la sagesse d'un gouvernement et assure sa prospérité.

Cependant, si je ne craignais pas de franchir les bornes que je me suis prescrites, je m'étendrais sur les talents de Guy de Chastillon pour les négociations les plus importantes. Il était le troisième de ce nom, comte de Saint-Paul, neveu de Jean, et fils de Guy II et de Mahaud de Brabant. Quelle intelligence, quelle habileté ne déploya-t-il pas dans le traité d'alliance qui fut conclu à Strasbourg, entre le roi Philippe-le-Bel et l'empereur Albert d'Autriche !

Mais comme tous ces détails m'entraîneraient dans des discussions politiques longues et arides, et d'ailleurs étrangères à mon sujet, après avoir donné une idée vraie de la sagesse et de l'habileté du comte de Saint-Paul, fils de Guy II et de Mahaut de Brabant; après avoir signalé en peu de mots ses talents pour les négociations, je me hâte d'entretenir mes lecteurs des actions grandes et magnanimes, tant dans le conseil qu'au milieu des camps, de Gaucher de Chastillon, cinquième du nom, d'abord comte de Saint-Paul, et ensuite connétable de France sous le règne de Philippe-le-Bel, en 1302.

La postérité, ce juge impartial qui méconnaît la haine et l'envie, regardera Gaucher de Chastillon, connétable de Saint-Paul, comme un de ces êtres privilégiés dont la nature est avare, qu'elle enfante avec orgueil pour le bonheur de l'humanité, et qu'elle enrichit sans mesure de ses dons les plus précieux. Il préludait, pour ainsi dire, et semblait faire l'essai de ses talents pour la guerre, dans les jeux de son enfance, qui décelaient le germe du génie, et présageaient déjà un grand homme. A peine s'engagea-t-il dans la carrière des armes, qu'on devina ses futurs succès et qu'on les prédit au monarque. Cependant Philippe-le-Bel voulut faire passer par tous les grades Gaucher de Chastillon, avant de le combler de ses faveurs. Ce ne fut point dans les premiers rangs qu'il apprit l'art de la guerre, et il ne parut s'éloigner d'aucun des emplois où la subordination était attachée. Son application à tous ses devoirs, sa docilité, son attachement au travail, captivèrent la confiance du roi, qui lui donna la commission difficile de porter à Boniface VIII un manifeste énergique, résultat des démêlés que le monarque avait avec ce pontife aussi ambitieux que despote. Gaucher de Chastillon, plus prudent, plus modéré que Nogaret, remplit l'office de médiateur à la grande satisfaction de son maître.

Gaucher de Chastillon fut d'abord connétable de Champagne, et encore dans la première jeunesse. Mais c'est dans les plaines de Courtrai qu'il devait recevoir la glorieuse récompense de son dévouement, de ses talents militaires et de son intrépidité.

Philippe-le-Bel voulut, en 1302, étouffer jusqu'au germe de la rebellion des Flamands, peuple agreste alors, et même féroce, ne connaissant ni frein ni discipline, mais que le fanatisme de la liberté rendait presque indomptable. Ce prince entreprit de les réduire, et leva une armée composée de sept mille chevaux et de quarante mille hommes d'infanterie. Pour le malheur de la France, il en confia le commandement au comte d'Artois, l'un des plus braves capitaines de son siècle, mais violent, mais emporté, sourd à tous les conseils, même les plus salutaires. Ce fut en vain que Raoul, connétable de Nesle, Gaucher de Chastillon, et quelques autres généraux, voulurent le détourner du fatal projet d'attaquer les farouches Flamands, qui, retranchés sur les hauteurs, étaient pour ainsi dire inaccessibles. D'ailleurs ces hommes rustiques, animés par le fantôme de la liberté, avaient juré de périr sur les debris de cette idole chimérique. Raoul de Nesle et Gaucher de Chastillon ne cessèrent de dire au comte d'Artois : *Contentez-vous de leur couper les vivres et de les affamer.*

Le comte d'Artois, jeune présomptueux, rejeta cet avis et ordonna l'attaque. Les Flamands tinrent ferme. Les Français repoussés s'étant précipités dans des marais fangeux, près de vingt mille hommes furent engloutis ou massacrés. Les comtes de Valois, d'Évreux, Gaucher de Chastillon, ainsi que Guy de Chastillon, firent des efforts héroïques pour arracher le roi à une mort qui paraissait inévitable. Le connétable Raoul périt en brave, les armes à la main. Philippe apprit aussitôt sa mort, déplora cette perte, et sans délai éleva Gaucher de Chastillon à la dignité de connétable, qui devenait vacante par la mort de Raoul de Clermont, seigneur de Nesle.

Cependant le connétable de Saint-Paul ne désespéra point du salut de la France, où ce désastre avait répandu la consternation. Les rebelles flamands, persuadés qu'on les craignait, se jetèrent le fer d'une main, le feu de l'autre, sur le comté d'Artois. Déjà cette horde effrénée pillait et livrait aux flammes tout ce qui était sans défense. Mais les Français ne tardèrent pas à se venger d'une manière éclatante. Le connétable de Saint-Paul, par une savante manœuvre, sut attirer les Flamands dans une embuscade près de la ville d'Aire. Bientôt, à la tête de ses braves Français, il se précipite sur eux avec la rapidité de la foudre; puis, sans perdre de temps, et pour éviter le reproche que mérita jadis Annibal, il leur tua cinq cents hommes dans les plaines de Lille, douze cents sous les murs de Bergues, treize mille dans le voisinage de Saint-Omer, et la France fut redevable de ces succès à la sage conduite de ce fameux guerrier, qui savait si bien inspirer à ses troupes l'enthousiasme du courage.

Gaucher de Chastillon, connétable de Saint-Paul, avait de grandes possessions dans la Champagne, et surtout dans le voisinage de Reims. Tandis que ce grand homme était occupé du soin de réparer les malheurs de la France, Henri, comte de Bar, brigand plutôt que guerrier, crut que l'occasion était favorable pour piller, incendier et ravager impunément la province de Champagne. Gauthier de Créci, seigneur de la maison de Chastillon, lui avait fait précédemment essuyer un sanglant échec. Mais cette terrible leçon, à laquelle il ne s'attendait point, ne fut pas capable de le détourner d'une seconde entreprise. Ce barbare réunit donc des forces considérables, et renouvela des scènes d'horreur qui font frémir l'humanité.

Le connétable de Saint-Paul, d'après les ordres de Philippe-le-Bel, par des marches rapides, vole à sa rencontre et lui présente le combat. Son intrépidité s'anime et s'échauffe à la vue de cet ennemi féroce; il l'attaque, il le poursuit avec acharnement; enfin il l'atteint et le fait prisonnier. Dans ce moment toute la fierté de Henri fait place à une basse soumission; il cherche à racheter sa vie par l'humiliant aveu de ses crimes.

Le connétable de Saint-Paul, qui ne veut ni le condamner ni l'absoudre, le fait paraître en présence de Philippe. Le comte de Bar, honteux, déconcerté, et qui méritait la mort, sollicita la clémence du monarque, qui se contenta de lui faire les plus sanglants reproches et eut la générosité de lui pardonner.

Cependant de nouveaux lauriers étaient destinés au brave connétable de Saint-Paul sous les murs de Mons en Puelle. Cette journée de Mons est marquée à des caractères qui prouvent que les anciens Flamands, pour la plupart rustiques habitants des campagnes, sans ordre et sans discipline militaire, se battaient avec un farouche aveuglement et ne prenaient conseil que de leur rage contre les Français. Voilà ce qui doit faire regarder cette action comme une des plus remarquables de notre histoire. Dès la première attaque la terreur et l'effroi s'étaient répandus dans l'armée flamande. Le carnage avait été si grand que le champ de bataille était couvert de cadavres entassés. Vivres, bagages, armes, munitions, tout avait été enlevé. Ceux qui avaient pu échapper au massacre s'étaient abandonnés dans le désordre à une fuite précipitée. Un silence effrayant régnait sur le vaste champ où la mort avait exercé ses ravages.

Philippe-le-Bel, après s'être bien assuré de la victoire, fit sonner la retraite et se retira sous sa tente. Les officiers et les soldats quittèrent leurs armes pour se livrer à un doux repos et prendre quelque nourriture; le roi lui-même avait demandé des rafraîchissements. Tout-à-coup on entend crier : *Aux armes ! aux armes ! Les Flamands ont égorgé les grand'gardes et pénètrent dans le camp.* Ces cris retentissent jusqu'à la tente du roi. Une irruption aussi brusque qu'inopinée jette dans les cœurs un effroi dont les braves de l'armée les plus inaccessibles à la crainte eurent beaucoup de peine à se garantir. Le comte de Valois et le connétable de Saint-Paul sautent sur leurs chevaux. Secondés par vingt gentilshommes, ils s'élancent; et méprisant le nombre, la rage et les hurlements de cette troupe effrenée, tous se rangent autour de leur souverain. Ces nobles chevaliers, animés par leurs invincibles chefs, servirent au roi de bouclier impénétrable. Mais étouffés par la poussière, épuisés de fatigue, plusieurs expirèrent au pied du monarque. On eut particulièrement à regretter Jean de Boulogne, enfant de treize ans; Guillaume, comte d'Auxerre; et Anselme de Chevreuse. Fin vraiment funeste, et cependant trépas glorieux et bien digne d'envie.

On voit par ces circonstances inattendues que la victoire de Mons coûta cher à Philippe-le-Bel, puisque les suites furent si fatales aux Français. Il est vrai de dire en général que la mort fuit les braves, car, quoique Gaucher de Chastillon se fût précipité au milieu des Flamands, auxquels le désespoir semblait prêter de nouvelles forces, il ne reçut cependant qu'une légère blessure. Il faut avouer aussi que le connétable de Saint-Paul était un de ces généraux à qui les soldats se faisaient un honneur d'obéir par un autre motif que l'instinct de fureur uniquement mécanique. Ils aimaient ce grand homme, et auraient prodigué leur vie pour le tirer des mauvais pas où l'engageait quelquefois son audacieuse intrépidité.

Cependant Philippe-le-Bel, au retour de cette expédition, voulut donner à Gaucher de Chastillon une nouvelle marque d'une confiance illimitée.

Ce monarque avait destiné la couronne de Navarre
à Louis, son fils aîné. Le connétable de Saint-Paul
devait le faire reconnaître en ménageant un peuple altier, et pacifier en même temps les troubles
et les divisions de ce royaume. Il fallait d'une main
tenir une redoutable épée, et de l'autre une bran-
che d'olivier, symbole heureux de la paix. Gaucher
de Chastillon, choisi par son souverain pour cette
médiation aussi délicate que difficile, accompagna
donc le jeune prince dans son voyage. Il remplit
si heureusement les fonctions de médiateur, par
sa prudence et par sa fermeté, que toutes les ani-
mosités s'évanouirent. Louis fut couronné dans la
ville de Pampelune, le 1er octobre 1307, avec une
pompe et une magnificence vraiment royales.

Cependant Philippe-le-Bel ayant terminé sa glorieuse carrière, Louis X surnommé Hutin, son fils
aîné, monta sur le trône, et son premier soin fut
de rendre justice à la conduite sage autant qu'é-
nergique du connétable de Saint-Paul. Le roi de
France n'oublia pas les services rendus jadis au
roi de Navarre. Son règne ne fut pas long; ce
prince périt au moment où il semblait jouir d'une
santé florissante. Il se flattait d'une suite nombreuse d'années et de plaisirs, lorsque le coup
parti de ce bras puissant qui renverse à son gré
les trônes et les empires le fit descendre au tom-
beau, assez lentement à la vérité pour qu'il eût le
temps de faire ses dispositions.

Louis avait eu de son premier mariage une fille

nommée Jeanne, et qui fut reine de Navarre lorsqu'elle eut atteint l'âge de 16 à 17 ans. Il contracta
un second mariage en s'unissant à Clémence de
Hongrie. Cette princesse était enceinte lorsqu'une
maladie cruelle, inattendue, menaça les jours de
son époux. Le monarque, qui au retour de la chasse
avait commis une imprudence, présageant sa fin
prochaine, et prévoyant d'ailleurs les troubles qui
devaient s'élever dans les circonstances actuelles,
manda auprès de lui le connétable de Saint-Paul :
Je vais mourir, lui dit-il, *et sans laisser d'héritier de
mon trône. Je vous établis l'exécuteur de mes dernières volontés. Vous gouvernerez l'état en qúalité
de régent, et vous répondrez sans doute à ma confiance.*

Gaucher de Chastillon fut à peine déclaré dans
les formes légales exécuteur testamentaire et régent du royaume, que Louis X, aux prises avec
une violente agonie, rendit les derniers soupirs.
Alors, comme on flottait dans l'incertitude de la
naissance d'un prince ou d'une princesse, on prit
le parti d'ouvrir l'interrègne. Le comte de Saint-
Paul, qui connaissait l'étendue de ses devoirs, gou-
verna l'état avec une prudence, et en même temps
une fermeté qu'un ancien auteur assure avoir été
au-dessus de tous les éloges. Philippe, comte de
Poitiers, résidait à Lyon lorsque le roi mourut.
L'élection d'un pape, qui devait se faire dans cette
ville, lui causait de grandes sollicitudes. Pendant
son absence, le comte de Valois son oncle, qui

prétendait à la couronne, secondé par le comte de la Marche, se fit un puissant parti dans le royaume. Ce fut alors que Gaucher de Chastillon, de concert avec le comte d'Évreux, déploya une énergie qui prouvait d'une part l'inflexibilité de son caractère, et de l'autre son attachement inviolable au successeur légitime.

Le connétable de Saint-Paul, sachant que Philippe approchait de Paris, s'empressa d'aller à sa rencontre accompagné du comte d'Évreux. Lorsque ce grand homme l'eut salué respectueusement: « Prince, lui dit-il, d'après les *intentions du feu roi*, l'avis des barons, et le droit de la nation, je vous remets les rênes du gouvernement que j'ai prises pendant votre absence. La régence doit vous appartenir. J'accomplirai fidèlement les volontés de votre auguste frère, qui par *son testament a daigné m'en confier l'exécution.* »

Comme le connétable voulait des actions beaucoup plus que des paroles, il dirigea l'entrée de Philippe dans la ville de Paris. Le comte de Valois, dont la faction s'était accrue, avait fait entourer le Louvre de troupes qui lui étaient dévouées. Ce château n'était alors qu'une forteresse, et n'avait pas à beaucoup près l'étendue et la magnificence qu'on y remarque aujourd'hui et qui excite l'admiration générale. Le comte de Valois s'y était retranché, et se croyait à l'abri des coups que Philippe devait lui porter. Mais sa sécurité et sa confiance furent bientôt déçues. Il ne calculait pas

assez ce que pouvaient et la loyauté et la droiture
et l'intrépidité du connétable de Saint-Paul.

Ce grand guerrier, que tout Paris estimait et
révérait, trouva des ressources aussi promptes que
puissantes dans la confiance qu'il avait inspirée
aux habitants de la capitale. A mesure qu'il avançait, ceux qui composaient la fidèle bourgeoisie
de Paris se réunissaient sous ses drapeaux. Ce fut
bien en vain que le comte de Valois, trop faible
sous tous les rapports pour se mesurer avec le
connétable, employa les moyens les plus perfides
pour exciter le peuple de Paris à une révolte ou-
verte. Tous les bourgeois résistèrent à la séduc-
tion. Le connétable leur ordonna de s'armer et se
mit à leur tête.

Le comte de Valois, qui, comme je l'ai déja dit,
s'était emparé du Louvre, sachant que la troupe
du connétable s'avançait en bon ordre, prit la
résolution de soutenir un siège en attendant les
secours que lui avaient promis ses insensés parti-
sans.

Gaucher de Chastillon, qui pénétra son dessein,
inaccessible à la crainte aussi bien qu'au reproche, fit un appel aux habitants de Paris; bientôt
sa troupe devint nombreuse. Il investit le Louvre.
Un héraut d'armes demande à parler en son nom
au comte de Valois; il le somme, d'après les ordres
du connétable, régent du royaume, de rendre la
place à Philippe, frère du roi défunt. Le comte de
Valois refuse de se rendre à cette injonction. Dès

ce moment le siège du Louvre est irrévocablement déterminé. Les bourgeois reçoivent l'ordre de presser l'attaque. Ils courent tous à l'assaut avec un emportement ou plutôt une bravoure que la justice de la cause anime et seconde. La noblesse, commandée par le comte d'Évreux, fait aussi dans cette circonstance des prodiges de valeur. Les assiégés, dont l'effroi avait abattu l'audace, voyant que la multitude des défenseurs de Philippe augmentait à chaque instant, ne firent plus de résistance; ils ouvrirent les portes et cédèrent la place à Philippe, dont l'entrée fut vraiment un triomphe.

Cependant la reine Clémence de Hongrie, consumée de chagrin, accoucha d'un fils, même avant le terme prescrit par la nature. Cet enfant de douleur fut nommé Jean, et regardé comme un astre qui s'éclipsa en commençant à briller; il mourut presque aussitôt qu'il naquit, sans connaître les peines et les tourments, et son berceau devint son cercueil. Dans l'espace de quinze jours, cet auguste enfant fut soustrait aux amorces trompeuses des plaisirs, et délivré des pièges secrets qu'on ne tend que trop souvent aux héritiers des trônes.

Après la mort de Jean Ier, Philippe, surnommé le Long, entreprit sinon d'anéantir, du moins de restreindre les droits de la reine Clémence de Hongrie. Ce prince était bon, affable et généreux. Il avait épousé Jeanne, fille de Mathilde, comtesse d'Artois, princesse intrigante, ambitieuse, dévorée de jalousie, et qui détestait l'infortunée Clémence de Hongrie. Pour donner une idée du caractère altier de Mathilde, qui, ne connaissant ni frein ni bienséance, franchissait avec audace les bornes que son sexe se fait un devoir de respecter, je ne citerai d'elle qu'un trait frappant et qui n'est point étranger à mon sujet.

Quoique Philippe eût reçu la couronne par le droit incontestable de sa naissance, cependant le duc de Bourgogne la lui disputa, et les comtes de Valois et de la Marche soutinrent ses prétentions chimériques autant que criminelles.

Gaucher de Chastillon, que des évènements qui s'étaient succédés avec autant de bonheur que de rapidité avaient rendu pour ainsi dire l'arbitre des destinées de la maison royale ; Gaucher de Chastillon, qui pendant l'interrègne avait exercé l'autorité de régent sans que personne eût osé y porter atteinte, crut avec raison que le devoir, l'honneur et la conscience, lui imposaient l'obligation de se déclarer pour Philippe. Il conduisit donc avec pompe le nouveau roi à Reims, dans le dessein de le faire sacrer.

Mais comme il craignait quelques résultats fâcheux des intrigues et des complots du duc de Bourgogne, dès qu'il fut entré dans la ville, ce grand homme donna l'ordre d'en fermer les portes et de ne les ouvrir sous aucun prétexte jusqu'à ce que ces mesures sévères eussent été révoquées.

Il fit plus, et déploya dans toute son étendue l'autorité dont il était revêtu ; il fit donc placer dans les rues, de distance en distance, de nombreux corps de troupes. Le connétable enjoignit même aux habitants de la ville de veiller avec soin au maintien du bon ordre et de la tranquillité. Toutes ces précautions étant prises avec autant de sagesse que de fermeté, on procéda sans délai à l'auguste cérémonie du sacre de Philippe, en présence des pairs et des grands seigneurs du royaume. Elle se fit avec magnificence, sans trouble et sans tumulte.

Mathilde seule, dont je viens de parler, causa une surprise mêlée d'indignation en s'arrogeant un droit également désavoué par son sexe et par sa qualité d'étrangère. Elle voulut assister au sacre comme pair de France ; et dans le cours de la cérémonie, lorsqu'on soutint, selon l'usage, la couronne sur la tête du monarque, Mathilde eut l'audace d'y porter la main avec les pairs, malgré les murmures sourds et les marques d'improbation de l'auguste assemblée. On dissimula cette action indécente dans la crainte de causer du scandale et de donner un prétexte aux tentatives des factieux. Mais lorsque tout fut terminé, l'intrépide connétable, qui ne savait point farder la vérité, représenta vivement à Mathilde l'indécence de son action, qui ne convenait ni à son sexe ni à sa naissance, et qui était inouie jusqu'alors dans les fastes de la royauté. Il ajouta qu'il n'était que l'interprète des sentiments des pairs et des seigneurs, qui tous avaient été choqués et même indignés d'une violation aussi scandaleuse des droits les plus sacrés.

4.

La comtesse d'Artois, outrée de dépit et bravant ces remontrances, fit rejaillir son ressentiment sur l'infortunée Clémence de Hongrie. A ses sollicitations et à celles de Jeanne sa fille, Philippe persécuta la déplorable veuve de Louis X; il voulut restreindre ses droits et son apanage. Le connétable de Saint-Paul, qui marchait toujours d'un pas ferme et sûr dans les sentiers de l'équité, s'opposa vivement, mais sans sortir des bornes du respect, aux injustes desseins du monarque, qui se rendit enfin à de sages représentations et changea de résolution.

Gaucher de Chastillon, pour étouffer jusqu'au germe des factions et des injustices, conseilla au roi d'accorder en mariage au duc de Bourgogne la princesse Jeanne, et de paralyser par cette union les complots de ce prince ambitieux et améliorer la condition de Clémence de Hongrie. Des succès si brillants dans les négociations les plus épineuses méritèrent au connétable une confiance illimitée. Son souverain ayant formé le projet de soumettre les Flamands, toujours rebelles, en abandonna l'exécution au duc de Bourgogne; mais ce monarque exigea que le connétable fût associé à cette grande entreprise, parce qu'il ne crut pas le duc de Bourgogne assez affermi dans la fidélité qu'il lui avait jurée.

Après avoir tracé le récit exact des actions honorables qui attestent les talents du connétable de Saint-Paul pour les négociations, et son influence dans les conseils qu'il présidait toujours, il m'est bien permis de reposer l'imagination de mes lec-teurs sur des réflexions qui jaillissent de ces faits.

Ce héros joignit les vertus de l'homme aux talents du guerrier, et peut être mis en parallèle avec les grands hommes qui l'ont suivi, tels que les Dugues-clin, les Bayard, les Turenne. Comme eux il fut grand, bon, simple et sublime. Leurs noms se succè-dent involontairement dans la pensée, et la même tombe aurait pu réunir et confondre leurs cendres.

Le connétable de Saint-Paul fut aussi sage que vaillant; voilà les traits distinctifs de son caractère. Il eut ces deux qualités, malgré tout ce qui cor-rompt ou égare ordinairement le cœur humain, malgré l'envie, le bonheur et la gloire. Il fut tou-jours prudent et ferme dans le tumulte des affaires et les délibérations des conseils; il ne répandit jamais le sang humain sans nécessité; la guerre fit sa grandeur, et il aima la paix.

Je m'estime donc heureux comme historien, parce qu'en louant ce héros je ne suis pas obligé d'exagérer l'éclat de sa vie publique pour couvrir les vices de sa vie privée. On peut dire de lui sans flatterie et avec Horace :

> .... *Fuit animus illi*
> *Rerumque prudens et secundis*
> *Temporibus, dubiisque rectus.*

Gaucher de Chastillon, toujours intègre, toujours irréprochable, montra une ame égale dans l'une et dans l'autre fortune.

Charles-le-Bel, successeur de son frère Philippe-le-Long, eut pour le connétable les plus grands égards et mit en lui une confiance sans bornes, comme les rois ses prédécesseurs. Il présida toujours les conseils avec la même sagesse et le même désintéressement, et Charles voulut que ses avis servissent de base à l'administration du royaume. Peu de temps après son avènement au trône, le monarque eut une guerre à soutenir contre les Anglais dans la province de Guienne. Le connétable, toujours secondé par ses talents et son habileté, la termina promptement et à la satisfaction de Charles-le-Bel, dont le règne ne fut pas de longue durée.

Ce prince, d'une santé faible et chancelante, institua par son testament Gaucher de Chastillon exécuteur de ses volontés dernières, et mourut le 1er février 1328. La reine, sa troisième femme, Jeanne d'Évreux, était enceinte lorsqu'il succomba par suite d'une maladie aiguë et très violente.

Comme Louis Hutin, son frère, il laissa donc la France en suspens et dans le doute si la reine lui donnerait un successeur. Pendant cet interrègne, le connétable de Saint-Paul convoqua un grand conseil qu'il présida, et dans lequel, comme exécuteur testamentaire exerçant l'autorité de régent, il insista, en supposant que la reine accouchât d'un prince, pour faire déférer la régence

pendant dix-huit ans à Philippe de Valois, fils de
Charles, comte de Valois, premier prince du sang,
et cousin-germain du feu roi.

Le comte de Valois, sensible à cette marque de
déférence du connétable, lui laissa l'entière administration des affaires avec l'autorité de régent du
royaume pendant les deux mois qui s'écoulèrent
depuis la mort du roi jusqu'à l'accouchement de
la reine, qui devint mère d'une princesse nommée
Jeanne. Dès ce moment la couronne appartenait
à Philippe de Valois.

Cependant il s'éleva de vives oppositions de la
part d'Édouard, roi d'Angleterre. Pour mettre
promptement un terme aux dissensions que ce
prince étranger fomentait dans l'état, le connétable
de Saint-Paul assembla, et avec solennité, un
parlement composé des plus puissants seigneurs.
Il porta le premier la parole et dit laconiquement:
*Par la coutume immémoriale de la nation, les
filles de France n'ont jamais été regardées comme
héritières;* vous devez donc conclure invincible-
ment en faveur de Philippe, qu'étant le plus pro-
che parent du dernier roi entre tous ceux à qui
leur naissance donnait droit de succéder à la couronne, personne ne peut la lui disputer.

Cette opinion franche et loyale reçut des ap-
plaudissements; et lorsque cette grande affaire
eut été discutée et mûrement examinée, on décida
que la couronne était légitimement dévolue à
Philippe, et ce prince fut sacré sans trouble dans

l'église de Reims, le 27 mai 1328. Lorsque la cérémonie fut achevée, le connétable de Saint-Paul pria le monarque de lui pardonner la résistance qu'il avait montrée en se déclarant ouvertement contre son père. Philippe, dont l'ame était grande et magnanime, lui dit avec bonté : « Un « roi de France doit oublier à jamais les prétendus « torts d'un sujet qui a cru devoir agir d'après sa « conscience. »

Gaucher de Chastillon, né avec toutes les qualités d'un grand homme de guerre, avait aussi celles que la guerre ne suppose pas toujours, une aimable modestie, cette vertu noble et simple à la fois qui, tenant un juste milieu entre l'abaissement et l'orgueil, paraît s'oublier elle-même, plaît à tous, et n'offense personne. On a vu qu'avec de la modération il avait encore en partage cette confiance noble que donnent l'expérience et le courage.

Consulté par Philippe de Valois sur l'expédition de Flandre, que ce prince méditait, quoiqu'il fût âgé de quatre-vingt-deux ans, d'un coup d'œil fier et hardi ce grand homme devina les succès de la bataille de Cassel. Bien instruit des intentions de son maître, il lui parla avec une assurance qui plut tellement au roi, qu'ivre de joie, ce prince se leva précipitamment, embrassa le connétable et s'écria : *Qui m'aime me suive!*

Les paroles de Philippe ont circulé de siècle en siècle, et on les emploie encore fréquemment de nos jours.

J'invoque à l'appui de ce que je viens de dire
le témoignage d'un historien sincère et véridique,
M. de Dampmartin, dont la narration s'accorde
avec la mienne :

« Philippe brûlait du désir d'en venir avec
Édouard à une bataille générale. Les membres
du conseil de guerre balançaient; il s'adresse au
connétable Gaucher de Chastillon : « Et vous, mon
« père, lui dit-il, que vous en semble? — Sire,
« répond le connétable, qui a bon cœur a toujours
« le temps propre. » Ce mot devient le cri de bataille : il vole de bouche en bouche : on court avec
joie aux armes; la victoire est assurée par les prodiges de valeur du monarque et par ceux du connétable, qui, chargé du poids de quatre-vingts
années, porte partout la mort.

Ce fut le dernier exploit d'un guerrier magnanime qui avait eu l'honneur de recevoir l'ordre
de la chevalerie des mains de saint Louis, et qui
s'était montré durant sept règnes consécutifs le
plus ferme appui du trône de ses maîtres. Il laissa
d'Isabeau de Dreux une postérité nombreuse,
formée par ses leçons et plus encore par ses exemples. Aussi le soupçon de flatterie n'a-t-il jamais
flétri cet éloge que l'histoire a plus d'une fois ré-
pété : « Il ne s'est fait aucune affaire de guerre
« ou de paix où quelqu'un de la maison de Chas-
« tillon n'ait été employé, ni aucune bataille mé-
« morable ou voyage, tant dedans que dehors le
« royaume, deçà et delà la mer sur les infidèles,

« où il ne se soit trouvé quelqu'un de cette fa-
« mille. »

Philippe de Valois, déterminé à porter la guerre
en Flandre, assiégea d'abord Mont-Cassel avec
peu de succès, et donna inutilement plusieurs
assauts. Les Flamands, qui se croyaient invincibles
sur le sommet de leurs montagnes, eurent l'inso-
lence de se permettre des sarcasmes contre ce
souverain, qu'ils appelèrent par dérision *le roi
trouvé.*

Le monarque, méprisant cette inepte ironie,
résolut de s'emparer de Mont-Cassel par la voie
sûre de la famine. Il donna donc à Gaucher de
Chastillon l'ordre de ravager et de brûler tous
les pays voisins de la forteresse et de la ville.
Cet expédient réussit, et lorsque le roi s'aperçut
que les Flamands étaient exténués par la faim,
il commanda un assaut brusque et soutenu avec
vigueur. Les Flamands, à qui la rage donnait des
forces, risquèrent une sortie en faisant retentir
les environs de leurs hurlements épouvantables.
Le combat fut très opiniâtre, et tous les braves
qui se trouvèrent auprès du roi se sacrifièrent
pour le défendre. Les rebelles, entourés de tous
côtés, furent massacrés pour la plupart, et treize
mille restèrent sur le champ de bataille. Plusieurs
d'entre eux voulurent se sauver à Mont-Cassel;
mais les Français, animés par le danger qu'avait
couru leur roi, entrèrent avec eux confusément
dans la ville, qu'ils livrèrent aux flammes. Le

connétable de Saint-Paul, oubliant son grand âge et sentant renaître ses forces, y conduisit les troupes à la charge, et, de retour auprès du roi, se reposa sur un nouveau trophée de la victoire.

Gaucher de Chastillon prouva qu'il avait encore la tête d'un bon général, le bras d'un soldat intrépide, et fit briller dans cette campagne les dernières étincelles de sa vie. Mais enfin, après avoir parcouru sa carrière aussi longue qu'honorable, rassasié pour ainsi dire de jours et de gloire, il succomba sous le poids des années. Sa religion et son courage ne l'abandonnèrent point, et ce héros descendit dans le cercueil avec la résignation et la tranquillité de l'homme juste.

Ils meurent donc aussi les défenseurs de la religion et du trône, les amis de la patrie et de l'humanité! Oui, sans doute; mais leur mémoire brave les outrages du temps et survit aux siècles.

En traçant cette histoire, j'ai formé souvent un projet qui sera peut-être un jour accompli, c'est de faire le voyage de Chastillon-sur-Marne. Là, au milieu des débris informes d'un temple antique consacré jadis au culte du vrai Dieu, reposent les dépouilles mortelles des Chastillon. Elles sont ensevelies sous l'herbe ou sous un amas de pierres. On peut à peine reconnaître les inscriptions gravées sur l'airain et le marbre chargés de conserver leur mémoire. Alors, pénétré d'une émotion religieuse qu'augmentera le silence profond qui règne dans ce lieu d'un éternel repos, les illusions enchanteresses du monde s'évanouiront, et je me tiendrai ce langage : « Les vertus religieuses et morales ont accompagné les Chastillon jusqu'à leur mort. C'est avec ce cortège sublime qu'ils se sont présentés au tribunal du souverain juge qui les a reçus dans son sein paternel. Plein de cette douce et consolante idée, l'aspect de leurs tombes ne m'inspire donc point d'épouvante; j'y vois croître les lis et les lauriers, plutôt que les funèbres cyprès. »

Gaucher de Chastillon mourut en 1329, âgé de quatre-vingt-trois ans. Il fut connétable de France pendant l'espace de vingt-huit ans ou environ, et sous le règne de six rois qui sont : Philippe-le-Bel, Louis Hutin, Jean Ier, Philippe-le-Long, Charles-le Bel, et Philippe de Valois.

Les vers que je vais citer, et qui sont au bas de sa gravure, renferment une vérité bien justifiée par sa conduite :

> Six rois ont su le prix de la haute valeur
>   De cet illustre connétable,
> Qui jamais n'employa son courage indomptable
>   Que pour le juste successeur.

Je terminerai l'histoire du connétable de Saint-Paul en rendant une justice éclatante à ses vertus privées. Il fut bienfaisant par caractère, rendit heureux tous ses vassaux, et dans ses vastes possessions on ne vit jamais le hideux tableau de l'indigence. Il combla aussi de ses bienfaits l'abbaye du Pont-aux-Dames, où reposent ses cendres. Enfin Gaucher de Chastillon mettait continuellement en pratique ce que disait autrefois le divin auteur de notre religion.

Ce sont des paroles bien précieuses, et qui, quoiqu'elles ne se trouvent pas consignées dans l'Évangile, n'en sont pas moins authentiques, puisqu'elles nous ont été conservées par les apôtres et par la tradition des églises.

« Oui, disait ce bon maître à ses disciples, oui n'en doutez pas, il est plus doux, plus consolant, plus honorable de donner que de recevoir : *Beatius est magis dare quam accipere.* »

Maxime admirable, et qui acquiert encore un nouveau degré de sublimité, parce qu'elle est vraiment sortie de la bouche sacrée de l'Homme-Dieu, rédempteur de l'univers.

Louis de Chastillon, comte de Blois, de Soissons et de Dunois, fils de Guy de Chastillon et de Marguerite de Valois, sœur du roi Philippe, devait reproduire en France l'exemple de dévouement pour son roi que Gaucher de Chastillon avait donné en Égypte. Forcé de rappeler à la mémoire la sanglante défaite de Crécy, près d'Abbeville, je dois dire que le roi, ayant eu l'imprudence d'admettre dans ses troupes des arbalétriers génois, ces lâches soldats, au nombre de quinze mille, y portèrent le plus grand désordre : en vain les généraux employèrent les moyens qu'ils purent imaginer pour rehausser un peu leur prétendu courage. Les menaces, les remontrances, tout fut inutile; la horde génoise refusa d'obéir. Les archers anglais, profitant de cette révolte, donnèrent du désavantage à l'armée française. Cependant la cavalerie, à laquelle Philippe donnait des ordres, pénétra jusqu'au centre, où le prince de Galles commandait; mais quand les Anglais virent que la troupe génoise, qu'on foulait aux pieds, embarrassait et déconcertait même les mesures du connétable et des généraux, alors, redoublant d'efforts, ils se précipitèrent en même temps sur le front et sur les flancs de l'armée, et le carnage fut horrible. Le roi, qui s'avançait avec imprudence, se vit tout-à-coup enveloppé. A peine restait-il soixante hommes pour le défendre, ou pour le seconder. Son cheval tué sous lui, le comte de Hainaut l'aida à monter sur un autre. Blessé deux fois, en vain on le pressa de faire une prompte retraite. L'infortuné monarque ne voulut point se rendre aux sollicitations les plus vives. Enfin, le comte de Hainaut saisit la bride de son cheval et l'entraîna, tandis que Louis de Chastillon, qui doublait pour ainsi dire son existence, écartait ou exterminait les ennemis avec sa foudroyante épée. Ce héros fit au roi un rempart de son corps, criblé de coups de flèches et couvert de blessures. Il succomba enfin sous le nombre des ennemis dont il était assailli. Cependant, avant d'expirer, il eut la satisfaction d'apprendre que le roi était en sûreté hors du champ de bataille. Cette nouvelle tempéra l'amertume de son sort, et mêla quelques consolations à l'horreur de ses derniers moments.

Mais écartons un peu nos regards du théâtre sanglant de la guerre pour les porter sur des objets agréables, et qui furent de nouveaux titres d'honneur pour la maison de Chastillon.

La famille de Chastillon jouissait, sous le règne de Philippe de Valois, d'une grande réputation justement méritée. On était alors si jaloux de s'allier à cette maison, que, malgré les intrigues et l'influence d'Édouard, Charles de Chastillon, neveu du roi de France par sa mère, épousa Jeanne de Penthièvre, fille de Jean le Bon, duc de Bretagne. Le roi d'Angleterre, prince despote et orgueilleux qui prétendait étendre sa domination jusqu'à sur la France, échoua dans toutes les négociations qu'il entreprit pour que la riche héritière du duché de Bretagne s'unît par les liens du mariage avec le duc de Cornouailles, son frère. Le duc de Bretagne, qui par une inclination naturelle penchait pour la France, déclara son choix en faveur du jeune Charles de Chastillon. La cour fut au comble de la joie en apprenant cette résolution. Philippe ordonna lui-même les préparatifs du départ de Charles, qui fit son entrée dans la Bretagne avec tout l'éclat qui convenait à sa naissance, ainsi qu'à la brillante fortune qui lui était destinée. Le mariage fut conclu et célébré avec une magnificence rivale de celle des rois, mais à condition que *Charles prendrait le nom, le cri et les armes de Bretagne, succéderait au duché, au titre de sa femme, et serait duc de Bretagne.* Lorsque cette clause fut ratifiée, la plupart des barons et des seigneurs firent au nouvel époux l'hommage de leurs biens et seigneuries comme à l'héritier présomptif de leur souverain.

Jean de Chastillon était neveu de Louis, comte de Blois, dont je viens de parler, et fils de Charles, duc de Bretagne, et de Jeanne, héritière de cette souveraineté. Par suite des malheurs qui pesèrent sur la France, ce légitime souverain d'une riche et vaste contrée fut détenu dans les prisons de Londres. On consentit à lui rendre sa liberté, mais à des conditions qu'il s'empressa de rejeter avec indignation. Richard II, roi d'Angleterre, crut qu'il ne résisterait point à l'éclat d'une illustre alliance. Ce prince lui fit dire que, s'il voulait épouser Philippe de Lancastre, sa nièce, il lui restituerait la Bretagne, mais avec la clause expresse que cette souveraineté relèverait de l'Angleterre.

Jean de Chastillon, inviolablement attaché à la couronne de France, dédaigna de souscrire à des propositions aussi humiliantes. Rien ne put ébranler sa fidélité, et la perte de cette province lui parut moins sensible que l'idée du parjure, de la trahison et de l'ingratitude. Tels furent les nobles sentiments de cette ame grande et magnanime.

Sous le règne déplorable de Charles VI, Jacques de Chastillon, ayant rendu à l'état des services importants, fut élevé à la dignité d'amiral de France.

Fidèle à son roi, à sa patrie, comme tous ses aïeux, il n'abandonna point une cause aussi chère au milieu des malheurs qui de toutes parts vinrent assaillir le royaume. Henri V, roi d'Angleterre, sachant qu'il était livré à des divisions intestines, résolut de débarquer en France, et de passer la Somme à la tête d'une armée formidable. Comme le mauvais génie qui planait alors sur l'état présidait à toutes les délibérations, ce prince téméraire crut saisir une occasion favorable d'écraser la puissance qui depuis long-temps était une redoutable rivale de l'Angleterre. Dans cette pensée, il réunit toutes ses forces au centre du comté de Saint-Paul, près du village d'Azincourt, en 1415.

Le connétable d'Albret, à qui les combinaisons et la disposition du terrain appartenaient de droit, par un aveuglement ou plutôt par une impéritie funeste avant-coureur des plus terribles revers, fit des arrangements tout-à-fait opposés à une judicieuse tactique.

Il avait le choix du terrain, pouvait s'étendre et se développer dans une vaste plaine. Cependant, comme s'il eût ignoré les éléments de la science de la guerre, malgré les sages conseils de l'amiral de Chastillon, du comte de Nevers, et surtout ceux du comte de Marle qui avait dans ce pays de riches possessions, le maréchal d'Albret s'obstina, et, se resserrant entre une petite rivière et un bois, paralysa par là même tous les mouvements et toutes les évolutions de l'armée française.

Henri V, bien convaincu du prompt résultat de ces mauvaises dispositions, s'avança fièrement et livra la bataille. Dès les premiers chocs une horrible confusion déconcerta nos troupes.

Les Français, pressés les uns contre les autres, ne pouvaient point déployer leur adresse et leur intrépidité; et pour combattre avec un faible avantage, les principaux chefs furent obligés de renverser et d'écarter à coups d'épée leurs propres soldats.

L'amiral de Chastillon, secondé des comtes de Nevers, de Marle, de Vaudemont, de Dampierre, de Louis de Bourbon, seigneur de Préaux, et de plusieurs autres chevaliers, fit dans cette cruelle extrémité des prodiges d'une valeur à laquelle le désespoir donna encore un nouvel aliment. Il porta partout ou la mort ou l'effroi. Ces derniers efforts, partagés par tant de braves, auraient peut-être sauvé la France; mais ô douleur! ou plutôt ô honte!

La troisième ligne de l'armée française prit lâchement la fuite sans tirer l'épée. Dès ce moment tout fut perdu, tout espoir anéanti.

Les vainqueurs trouvèrent encore de la résistance; mais, enhardis par la supériorité du nombre, ils firent tomber sous leurs coups l'amiral de Chastillon, Louis de Bourbon, les comtes de Nevers, de Marle, de Dampierre, et toute l'élite de la noblesse française.

J'ai parcouru l'espace de plusieurs siècles en

montrant, par des faits authentiques, le vrai courage héréditaire dans la maison de Chastillon. La valeur qui l'animait était de la grandeur d'ame; elle n'éteignait point la religion: ainsi les dignités et les honneurs qui ont été déférés à cette famille sont assurément bien légitimes.

Mais si je ne craignais point de franchir les limites qui m'ont été tracées, je découvrirais encore mille traits honorables que j'offrirais à l'admiration de mes lecteurs. Cependant je ne dois pas laisser ignorer qu'Alexis Henri, marquis de Chastillon, investi de la confiance de Philippe, duc d'Orléans, frère unique de Louis XIV, fut nommé capitaine de ses gardes, puis premier gentilhomme de sa chambre, et chevalier des ordres du roi le 31 décembre 1688.

Je n'omettrai pas qu'Alexis-Madeleine-Rosalie, comte de Chastillon, encore dans l'enfance, et âgé de treize ans, obtint le commandement d'un régiment, parce qu'on remarqua en lui le germe heureux des talents militaires. Ensuite, chevalier des ordres et lieutenant général, il se distingua et fut blessé à la sanglante journée de Guastalla, le 19 septembre 1734. Louis XV, quoique entouré d'hommes célèbres, le désigna pour former un héritier de son trône, et il se vit placé auprès de M. le dauphin, père de Louis XVIII, en qualité de gouverneur de son altesse royale; enfin, le 1er mars 1736, il fut créé duc et pair de France.

On ne peut méconnaître la gloire de la maison

de Chastillon, gloire véritable qui s'est perpétuée de siècle en siècle, à tous les titres authentiques et les faits honorables que je viens de citer. Mais pour terminer la tâche qu'un historien doit se féliciter de remplir entièrement, il ne me reste plus qu'a démontrer par une série non interrompue d'aïeux, et de mâle en mâle, que cette famille remonte à près de mille ans d'antiquité.

D'après toutes les recherches que j'ai faites, Eudes Ier, comte de Troyes, qui vivait en 847, doit être regardé comme le premier auteur connu de la race des seigneurs de Chastillon ; et Raynier, dont il est parlé dans les actes du concile de Bâle, tenu en 951, remplit, comme fils d'Ursus, une lacune qui, de l'aveu même d'André Duchesne, se trouvait dans leur filiation.

Cette ancienne extraction a été reconnue de Louis XIV, 1° par un procès-verbal des preuves de la noblesse de haut et puissant seigneur messire Alexis-Henri, comte de Chastillon, premier gentilhomme de la chambre de Monsieur, frère unique du roi, nommé chevalier des ordres de sa majesté, devant messieurs les ducs de Montausier et de Nevers, pairs de France, commissaires députés à cet effet, par lettres-patentes du 12 décembre 1688, par lequel ils certifient que M. le comte de Chastillon est *issu d'une maison des plus anciennes et des plus illustres.*

2° Par lettres-patentes données à Versailles au mois d'avril 1713, et registrées au conseil souverain d'Alsace , à Colmar, le 20 mai 1713.

Il y est dit formellement que sa majesté se trouvant invitée par les grands exemples de valeur des ancêtres du sieur comte de Chastillon à lui donner des marques de sa bienveillance, et à pourvoir à ses avantages et à ceux de sa maison, elle crée et érige en fief masculin relevant d'elle et des rois ses successeurs la charge de grand bailli, ou d'oberlandwogt, en faveur dudit sieur comte de Chastillon, ses enfants et descendants mâles, et lui en donne l'expectative pour en jouir après le décès du duc de Mazarin , ainsi qu'en ont joui les grands ou baillis oberlands wogt, tant ceux qui ont possédé cette charge comme en étant pourvus par les empereurs , que ceux qui en jouissaient comme étant de la maison d'Autriche, le tout en considération des services du sieur comte de Chastillon et de ceux de ses ancêtres qui ont rempli les plus éminentes charges du royaume.

Pour compléter les preuves authentiques de la noblesse ancienne de l'illustre famille de Chastillon , je vais citer en son entier le certificat de monseigneur le duc d'Orléans, premier prince du sang, déclarant que la maison de Chastillon est très illustre.

Ce certificat est en date du 20 janvier 1731 et ainsi conçu :

« Nous, Louis d'Orléans, premier prince du sang, premier pair de France, duc d'Orléans, de Valois, de Chartres, de Nemours, de Montpensier, gou-

verneur et lieutenant général de la province de
Dauphiné; et Pierre-Madeleine marquis de Beauveau, lieutenant général des armées du roi, direc-
teur général de la cavalerie, chevalier comman-
deur des ordres du roi, certifions à sa majesté et
à tous ceux qu'il appartiendra que nous avons,
en vertu de notre commission du 4 du présent
mois, vu et examiné, au rapport du sieur Clairambault, généalogiste desdits ordres, les titres pro-
duits par messire Alexis-Madeleine-Rosalie comte de
Chastillon, baron d'Argenton, mestre de camp général de la cavalerie légère de France, maréchal
des camps et armées du roi, grand bailli de Haguenau, et vérifié qu'il est neveu de messire Alexis-
Henri comte de Chastillon, ci - devant premier
gentilhomme de la chambre de feu Monsieur,
reçu chevalier des ordres le 1er janvier 1689, qu'il
a satisfait aux preuves requises par les statuts, et
qu'il est d'une maison très illustre et digne d'être
reçu chevalier des mèmes ordres; en foi de quoi
nous avons signé ces présentes et fait apposer le
cachet de nos armes.

« A Paris, le vingtième jour de janvier 1731.

« *Signé* Louis d'Orléans. — Pierre-Madelène

« marquis de Beauveau. — Clairambault. »

« Les preuves mentionnées ci-dessus, avec l'infor-
mation de vie et mœurs et la profession de foi,
ont été rapportées par M. l'abbé de Pomponne ,

chancelier, au chapitre tenu dans le cabinet du roi. Ensuite M. le comte de Chastillon a prêté serment et a reçu le collier des mains de sa majesté à l'issue de la messe, dans la chapelle du château à Versailles, le jour de la fête de la Chandeleur, deuxième de février 1731.

« *Signé* PHELIPPEAUX. »

Comme les auteurs des anciennes chroniques, qui n'ont aucun intérêt à déguiser la vérité, assurent qu'Eudes Ier, comte de Troyes, fut père d'Ursus, comte de Champagne, sans cependant indiquer le nom de son épouse, on peut avancer que la famille de Chastillon remonte à l'année 847, époque à laquelle vivait Eudes Ier, comte de Troyes. D'après ces renseignements donnés par l'ancienne tradition, je vais tracer la généalogie la plus incontestable de cette illustre maison.

Eudes Ier, comte de Troyes, eut de son épouse, dont le nom n'est point parvenu jusqu'à nous, Ursus, comte de Champagne, qui, en l'année 880, épousa Berthe, sœur du comte Huébaud, qui s'unit à la nièce de l'empereur Charles-le-Chauve.

Ursus eut de son mariage :

Eudes second, seigneur de Chastillon et de Bazoche, sous le règne de Charles-le-Simple et de Robert.

Eudes eut pour fils Hérivée, seigneur de Chastillon et de Bazoche. De son mariage est issu :

Raynier, sire de Chastillon et de Bazoche, vidame de Reims, et dont il est fait mention dans les actes du concile de Bâle. Raynier eut de son mariage :

Miles, seigneur de Chastillon et de Bazoche, père de Guy Ier, seigneur de Chastillon, l'an 1076, qui épousa Hermingarde de Choisi. De ce mariage naquit Gaucher Ier, seigneur de Chastillon, en l'année 1076, qui laissa Henri seigneur de Chastillon; lequel Henri fut marié à Hermingarde, dame de Monjay. De cette union naquit, l'an 1130, Gaucher IIe, seigneur de Chastillon, de Troissy et de Monjay, l'an 1147. Il épousa Arde de Pierrefons, dame de Créci, de laquelle il laissa :

Guy IIe, seigneur de Chastillon, de Troissy, de Monjay et de Créci, en l'année 1162. Il contracta mariage avec Alix de Montmorenci, fille de Mathieu premier du nom, seigneur de Montmorenci et connétable de France, et d'Alix de Savoie, reine de France, veuve du roi Louis-le-Gros, dont il eut :

Gaucher, IIIe du nom, comte de Saint-Paul, seigneur de Chastillon, de Troissy, de Montjay, de Créci, de Pierrefons, d'Encre, de Pont-Sainte-Maxence, de Broigny et de Thorigni, sénéchal de Bourgogne et bouteillier de Champagne, qui épousa, l'an 1196, Élisabeth de Saint-Paul, fille aînée et principale héritière de Hugues Candevenne, comte de Saint-Paul, et d'Yolande de Hainaut, issue du sang de l'empereur Charlemagne. Elle lui apporta le comté de Saint-Paul et plusieurs autre seigneuries et le fit père de :

Hugues de Chastillon, second fils, comte de Blois et de Saint-Paul, seigneur de Chastillon, de Troissy, d'Encre, de Créci, d'Avesnes, de Guise, de Leuse, de Condé, de Landrecies, de Bouchain et de Trelon, bouteillier de Champagne, l'an 1220. Il épousa du vivant de son père N.*** de Bar, fille de Thibaut, comte de Bar, et de Corette de Los; elle mourut sans enfants. Il contracta une seconde alliance en 1225 avec Marie d'Avesnes, comtesse de Blois, dame d'Avesnes, de Guise, de Leuse, de Landrecies, de Condé, de Trelon et autres lieux, fille de Gauthier, seigneur d'Avesnes, et de Marguerite de Blois, douairière d'Othon, comte paladin de Bourgogne, dont il eut :

Gaucher de Chastillon, IVe du nom et troisième fils, seigneur de Chastillon, de Créci, de Crève-cœur et de Marigni, l'an 1250. Il s'unit à Isabeau de-l'Ésigne, fille de Guillaume, seigneur de l'É-signe. De ce mariage est issu :

Gaucher de Chastillon, V^e du nom, seigneur de Chastillon, de Créci, Crèvecœur, de Troissy et de Marigni, comte de Porcéan, seigneur de Gandelus, de Rosoy, de Pontarsis, de Fère et de Saint-Illiers; d'abord connétable de Champagne, et ensuite connétable de France. Il épousa en 1276 Isabeau de Dreux, seconde fille de Robert, comte de Dreux, et de Béatrix, comtesse de Montfort, et sœur d'Yolande de Dreux, reine d'Écosse. Il échangea avec Philippe-le-Bel la seigneurie de Chastillon, à l'exception de celle du château, et la seigneurie de Créci et Crèvecœur contre le comté de Porcéan et les seigneuries de Rosoy et de Gandelus.

Il épousa en secondes noces Hélisent de Vergy, veuve de Henri IIe, comte de Vaudemont. Il eut d'Isabeau de Dreux sa première femme :

Jean IIe, second fils, seigneur de Chastillon, de Gandelus, de Troissy, Marigni, Saint-Illiers, la Ferté en Ponthieu, Duri, Bonneuil, Germaines, lequel épousa en premières noces, vers l'an 1308, Aliénor de Roye, dame de la Ferté en Ponthieu, de Duiri et d'Iancourt; en secondes, Isabeau de Montmorenci, fille de Charles, seigneur de Montmorenci, maréchal de France; et en troisièmes, Jeanne de Sancerre, comtesse de Dammartin. Il a eu d'Aliénor de Roye sa première femme :

Gaucher, VIe du nom, seigneur de Chastillon, de Troissy et de la Ferté en Ponthieu, chevalier de l'ordre de l'Étoile, conseiller du roi, capitaine de la ville de Reims et du pays d'environ, grand maître de France. Étant très-jeune il épousa Jeanne de Courcey. N'ayant point eu d'enfants de cette première femme, il se remaria vers l'an 1360 avec Allemande Flotte de Revel, fille de Guillaume Flotte de Revel, chancelier de France. Il en eut :

Gaucher de Chastillon, VIIe du nom, deuxième fils, seigneur de Troissy et de Marigni, puis de Chastillon, chevalier, conseiller et chambellan de France, qui épousa en 1382, Marie Coffinel, dame de Sourvilliers, fille de Guillaume Coffinel, originaire d'Italie, et d'Isabeau de Chastillon ; et en secondes noces, l'an 1407, Isabeau de Vendosme, fille de Robert de Vendosme et veuve de Julien des Essarts, seigneur de Bouville et de Francheville. Il laissa de sa première femme :

Charles de Chastillon, seigneur de Sourvilliers et de Marigni, conseiller et chambellan du roi Charles VI, qui épousa Marie des Essarts, dame de Bouville et de Francheville. Il fut tué à la bataille d'Azincourt, en 1415, et laissa de son mariage :

Charles de Chastillon, second du nom, seigneur de Sourvilliers, Marigni, Bouville, Francheville et Marne, conseiller et chambellan du roi Charles VII. Il épousa, vers l'an 1437, Catherine Chabot, dame d'Argenton, de la Grève, de Moncontour, de Chantemerle et autres terres, fille de Thibaud Chabot, seigneur de la Grève et de Moncontour, et de Brunissens d'Argenton. Il mourut l'an 1480, laissant de son mariage Jean de Chastillon, seigneur de Bouville, Francheville, d'Argenton, de la Grève, de Moncontour, de Chantemerle, la Rambaudière et autres terres, qui épousa, vers l'an 1484, Jeanne de Rochechouart, fille de Jean de Rochechouart, seigneur de Mortemart, et de Marguerite d'Amboise ; en secondes noces, l'an 1509, Louise de la Touche, veuve d'Antoine Chausson, seigneur de la Rambaudière et autres lieux. Il mourut l'an 1520, et laissa de sa première femme :

Claude de Chastillon, Ier du nom, second fils,

seigneur de Bouville, du Mesnil-Ragouin, puis d'Argenton, de la Grève, de Moncontour, de Francheville et de la Rambaudière. Marié avec Gabrielle de Sauzay, dont il eut :

Claude, IIe du nom, seigneur d'Argenton, de Chantemerle, de la Grève, Moncontour, Bouville, Francheville, qui épousa Rénée Sanglier, dame du Bois-Rogues, des Hayes-Gazelin, du Doismont, de Charzeaux et de Brée, fille de Gilles Sanglier, seigneur de Bois-Rogues, et de Françoise Dupuis. Il mourut l'an 1599, et laissa :

Gilles de Chastillon, second fils, conseiller du roi en ses conseils d'état et privé, gentilhomme de sa chambre, seigneur de Bois-Rogues, du Doismont, de Beauvois, de la Grève et de Villantrois, puis d'Argenton, de Bouville, Francheville et de la Rambaudière. Il épousa, l'an 1599, Marie de Vivonne, fille de Charles de Vivonne, dont il eut :

François de Chastillon, IIe fils, né l'an 1606, seigneur de Bois-Rogues, de la Rambaudière et de Chantemerle, puis d'Argenton par la mort des enfants de son frère aîné, qui a épousé Madeleine-Honorée, dont il a laissé :

Claude Elzéar, comte de Chastillon, d'Argenton et de Bois-Rogues, né l'an 1646; marié avec Thérèse Moret, dont il a eu :

Alexis-Madeleine-Rosalie, IIe fils, né au mois de septembre 1680, duc de Chastillon, pair de France, seigneur d'Argenton, de la Touche et autres lieux, chevalier des ordres du roi, grand bailli de la préfecture royale d'Haguenau, ci-devant mestre de camp général de la cavalerie, gouverneur de monseigneur le dauphin, et lieutenant général de la haute et basse Bretagne;

Il a épousé en 1711 Charlotte-Ventrude Voisin, fille de Daniel Voisin, chancelier de France; et en secondes noces, le 19 avril 1725, Anne-Gabrielle le Veneur de Tillières. De ce mariage est issu:

Louis Gaucher, connu d'abord sous le nom de comte de Chastillon, né le 27 juillet 1737, colonel en 1753. Il fut créé duc et pair de France, et prêta serment en cette qualité dans le cours de l'année 1754. Le duc de Chastillon épousa, le 4 octobre 1756, Adrienne-Émilie-Félicité de la Baume le Blanc de la Vallière, fille unique de Louis, duc de la Vallière, et d'Anne-Julie de Crussol d'Uzès.

Mademoiselle de Chastillon, sa fille, a épousé M. Marie-François-Emmanuel duc d'Uzès, premier pair de France, actuellement âgé de 65 ans.

Il a pour fils unique M. Adrien-François-Emmanuel duc de Crussol, âgé de 46 ans, et membre de la chambre des députés.

Du mariage de M. le duc de Crussol avec Victorine-Victurnienne de Rochechouart Mortemart, sont issus:

1° Un fils, M. Armand-Géraud-Jacques-Emmanuel, âgé de 16 ans;

2° Une fille nommée Anastasie-Victorine d'Uzès.

M. Alexis-Victor Bonabe, marquis de Rougé,

pair de France et âgé de 46 ans, est gendre de madame la duchesse d'Uzès, ayant épousé mademoiselle Alexandrine-Célestine-Zoé-Timarette-Emmanuel d'Uzès.

De ce mariage sont nés trois fils :

1° M. Théodoric Bonabe de Rougé, âgé de 18 ans ;

2° M. Hervé, âgé de 15 ans ;

3° M. Louis, âgé de 10 ans ;

Et deux filles :

L'aînée, Victurnienne-Henriette, a 16 ans.

La seconde, Marie-Thérèse-Louise, est âgée de 7 ans.

Tels sont les rejetons actuels de la maison de Chastillon, dont l'origine se perd pour ainsi dire dans la nuit des premiers siècles de la monarchie.

Heureux l'historien qui dans ses écrits n'est point forcé, pour plaire aux contemporains, de trahir les intérêts de l'auguste vérité ! Tel est le bonheur dont je jouis, et je m'en félicite avec d'autant plus d'assurance que les descendants des Chastillon, bien pénétrés de la beauté des traits qui ont immortalisé leurs ancêtres, en contemplant avec admiration leurs portraits, se diront à eux-mêmes : Ces tableaux ne sont pas muets pour nous ; ils parlent assez haut, et leur langage éloquent doit électriser toutes nos facultés. Empressons-nous donc de marcher sur leurs traces : que notre attachement à la religion de nos pères, notre dévouement sans bornes à nos princes légitimes, et notre active bienfaisance, attestent à jamais que nous n'avons point dégénéré, que nous sommes dignes de notre illustre origine, et que le sang pur des Chastillon circule toujours dans nos veines.

Armes de la maison de Chastillon : *de gueules à trois pals, de vair au chef d'or.*

FIN.